Date / /

work

1.

あなたが今「オーガニック」という言葉に持っている
イメージを書きだしてみましょう。

Date　　/　　/

work

2.

1986年にイタリアで提唱された「スローフード」。

「おいしい、きれい、ただしい、食べものをすべての人が享受できるように」

そのスローガンから、今のあなたが連想するものを書いてみましょう。

1. 食べるもの・ことが、おいしいってどういうこと？

2. 食べるもの・ことが、きれいってどういうこと？

3. 食べるもの・ことが、ただしいってどういうこと？

1.

古来種野菜と
話をしよう

種からの芽吹き、春

春は、夏野菜の種を蒔き、畑では新しい芽吹きや成長を慎重に待つ季節。この時期を「端境期」と呼び、本来は野菜の流通が少ないのですが、「少ない＝不安」ではなくて、数少ない冬のなごりの野菜や保存食、山菜などをいただきます。豊かな夏の実りを待つ、ということ。また、大根やかぶ、白菜などは、そのまま土に植わっていると「とう立ち」して花が咲きます。それが本来の菜花。その花でさえ僕らは食べる。ということは、野菜の花が咲く前に収穫しているということ。花が咲く前の野菜を僕らは食べていて、花を咲かせるための栄養分を、食べている、ということ。

未熟な種を食べる、夏

春に蒔かれた種が成長して、花が咲いたあとに実ができる。その実の中には未熟な種がたくさん詰まっていて、僕らはその種ごとの野菜を食べる季節。多くは茎に実がつく「なりもの」と言われる果菜類。「黄色い胡瓜」（きうり）とも書く、きゅうりは、熟すと「黄色く」なる「瓜」。その成長途中が緑色。黄色く大きく成熟するものは、直径10センチ、長さ30センチほどになるものもあり、お出汁で炊き上げて食されてきた。苦みの強いきゅうりは板ずりし、味噌と合わせるひと手間が必要なくらい苦かった。ツルムラサキ、モロヘイヤ、オクラ、おかのり、金時草などの「ぬめり」もおいしい、とする僕らの夏の味覚。

やわらかい種を食べる、秋

花が咲いて、実となり、成熟する前のやわらかい種、を食べる時期。たとえば、枝豆。ビールとよく合うので、夏が旬、のイメージがありますが、その多くは秋が旬。大豆になる前の未熟な緑色のさやを、枝付きのまま茹でて食べるので「枝豆」と言います。収穫せずにそのまま成熟したら「大豆」に。しまささげも「さや」の状態を湯がいて食べて、成熟するとささげ（豆）になる。未熟な豆、成熟した豆、豆は種。夏のなごり、きゅうり、秋茄子、などはお盆明けに味がのってくる。かぼちゃの収穫は夏。2、3ヶ月寝かせることで甘くなるので食べ頃は秋。端境期の時期を迎えて冬野菜を待つ時。

種になる栄養を食べる、冬

花や種になる栄養が詰まった、土の中の根や茎を食べる時期。そのひとつ、大根は日本列島津々浦々、風土によってたくさんの種類が存在している。それは世界に誇る多様性。東北の寒さの中で育つ大根は極端に水分が少ない。水分をもってしまうと自分が凍ってしまうことを知っているから。他の地域の大根は水分が多く大きく育ち煮ものによく合う。野菜自ら、幾年もかけて風土に合わせて成長し、土着する。雪を待つほうれん草、小松菜なども、冬が旬。改良され夏でも収穫できるようになり、農家さんたちは経済的に潤うけれど。

オーガニックってなんだろう？

オーガニックってなに？　ライフスタイル？　エコ活動？

そこへの入り口は、人との出会いや時間、暮らしの中での身近なものであったり、心やからだの不調など、これまでの生き方を見直すきっかけであることも少なくありません。

日本語では「オーガニック＝有機」と訳されています。

食品については、有機ＪＡＳ認証を取得した農産物、加工品が有機ＪＡＳマークをつけた上で、「オーガニック」や「有機」という言葉を添えて販売することができます。その食品は自然界と人との有機的なつながりを継続するために、環境に負荷をかけない生産方法で、栽培、管理されており、「人が安心して食べられる農産物や加工品です」ということを、わかりやすく表示する法律です。逆に言うと、認証されていない食品を「オーガニック」や「有機」と表示して販売することはできません。

一般的に日本では有機ＪＡＳ認証を取得した食品を「選ぶ」ことが、わたしや家族の健康に影響すると広く理解されています。ですが、「環境に負荷をかけない」ことへの意識は、世界に比べてなかなか追いついていない、危機感のようなものがない、というのが現状です。そんなことを感じながら、まわりを見渡すと、食品に限らず、化粧品、ファッション、衣料品……など、さまざまな日用品がデパート、スーパーマーケットの中で展開されています。

そう、暮らしの中でオーガニックが展開されている、と感じてしまうのです。

世界のオーガニックへの流れや思想とは「その土地で芽生えた草の根的な思想や活動」が広がっていくこと。どの国でも産業が栄える時代があって、その変化は人々の日常となり、便利になることもあれば、その半面失ってしまうなにかがあります。

ヨーロッパにしてもアメリカにしても、これまで育まれてきた大切な日常が、失われていくことへの危機感が人を動かしてきました。その危機感が、オーガニック運動や活動へつながる最初の意識。産業が発展し、人々が便利に気づいたからこそ、その隣にもうひとつ、オーガニックという思想の道が広がってきたのです。

オーガニックと産業の発展とは、常に一緒に動いています。

1970年頃から、日本ももちろん同じような道を辿ってきました。でも、世界と決定的に違ったのは、僕らの祖先や農家さんたちの「農と暮らしの独特な感性とその技術」です。たとえば、大根の種類がこんなにもある国はありません。大根も、かぶも、かぼちゃも、きゅうりも、どんな野菜もそのほとんどが外来種（遠い遠い昔、海外からやってきた植物）であるはずなのに、日本に根付いて多様性を育めたのは、僕らの祖先や、農家さんたちには、日本の季節を生きぬく感性と、その技術があったから。その、日本独特の農への感性と、世界の各国々で住んでいる人しかわかり得ない農への感性や背景が同じであるわけがありません。

ですが、日本で今存在している法律やルールを、世界と同等の基準へ近づけようとする流れがあることは事実です。産業の発展や経済の成長、そしてグローバル化されていく社会の中で、すべての農を単一に表現し、世界と同等とする方向性は、「農」に関わる人たちからすると、そこに温度差が生まれるのは当然のことです。日本のこれまでの農の在り方や伝統的な暮らしはどう表現されるべきなんだろう。わたしたちの農への意識はどう表現されていくのだろう。

あれ、人と自然って、こんなに煩雑だったっけ。ふと、そう思います。植物たちはそんな世界には見向きもせず、日々の営みを繰り返す。

warmerwarmer（ウォーマーウォーマー）は、伝統的な農法で栽培されている、種から育った野菜（古来種野菜）を流通にのせる「八百屋」です。伝統的、と言いましたがそこにはひと言では言い表せない、日本人の生き抜く暮らしの知恵や工夫が、想像を超えて存在しています。それはとても楽しくて、時には切なくて。

オーガニックってなんだろう？　その思考のはじまりを古来種野菜を真ん中に、みなさんと一緒に感じたり考えたりしたいと思います。

僕らはwarmerwarmerという八百屋です

僕らは古来種野菜を流通にのせる「八百屋」です。

毎日のように全国から集まってくる野菜たち。朝5時から流れてくるファクス、農家さんとの電話、野菜の選別や袋詰め、お得意様との電話、そして配達や配送。業務内容は一般的な八百屋さん、もしくは卸売業と同じです。ただ、その古来種野菜を手にした時の、ずっしりとした重み、美しい姿や形、驚くほどのおいしさ。農家さんたちの野菜への想い。その背景にある都市化の波、気候変動、後継者問題などの厳しい現実。いいこともそうでないことも合わさる、さまざまなことに出合います。種のこと、野菜のこと、農のこと、その大切な野菜との時間を、流通・八百屋の視点で、トークショーやマーケット、食堂などを独自に企画したり、同じ志の方々とシェアしながら、古来種野菜の素晴らしさを伝えることも仕事にしています。

わたしたちが抱えているさまざまな問題、たとえば、温暖化による環境問題や食料問題、人口の推移による社会問題など、本当のことを知れば知るほど不安になります。未来をワクワクと想像したいけれど、聞こえてくる情報ははるかに不安要素の方が大きすぎて。

何年後かに、だれだれが背負うリスクが◯◯％になる、とか、将来に必要なのは、◯◯だ、とか。
いったい、いつまでに、なにを、どのくらい準備すればいいんだっけ。

「自然界の循環の中で育つ古来種野菜たちの歴史」は８００年も９００年も幾年も、その命がつながってきました。わたしたちが見たことのない世界を生きてきた植物たちです。ですが、この日本で１％しか流通しておらず、１％の人たちにしか認識されていない、と言われています。

だけど、この野菜のひとつひとつを触っていると、「種」や「農」のこの先についてて、なぜだか負のイメージができないでいるのです。もちろんその中にあるたくさんの問題や大変なこともぜんぶひっくるめて、負のイメージではなく、

「美しく、おいしい」。

そのことだけが、もう、すべて。

胃袋を満たすだけの話ではなく、からだのぜんぶ、感覚のぜんぶ、僕らが先祖になるという事実、そのすべてに、色、景色、想い、音楽、言葉、を受け取ってしまうのです。

農家さんたちの想いと日本が誇るその技術によって、1%の古来種野菜たちは必ず残っていくでしょう。だけど、大事なのは、その残し方。

社会が感じている、僕らが感じる、色、景色、想い、音楽、言葉をつないでいきたい。できるだけ色をつけたりトーンを明るいものにして「想像する未来へ」つなげていきたい、と思っています。

僕たちに、多くの学びを見せてくれる存在

農家さんが、種を蒔いて、育て、また種を採り、その種を蒔く。

日本には、その地域に根ざしたたくさんの野菜があります。古くは、室町時代からその種が続いている野菜も。何百年というはかり知れない時を経て、その野菜たちが途絶えずに生き残ってきたのは、そこに人の手があったから。

幾年も繰り返した営みは、形質が固定され親から子へと受け継がれていきます。ですが、現在、この野菜たちは、市場に1％しか存在しておらず、1％の人にしか認識されていません。なぜなら、収穫量が極めて少なく、不揃い、不安定、よって効率的ではない、ということが理由で、そのほとんどが市場から消えてしまったのです。このような野菜は、一般的には固定種の野菜、在来種の野菜、伝統野菜、地方野菜などと呼ばれていて、作る人（農家さん、種屋さん）、伝える人、守る人（国、自治体、有志団体）によって、その呼び方や定義がさまざまにあります。

だけど、実は「消費者」という立場からこの野菜をなんと呼ぶか、が定まっていない。と、八百屋をはじめてから気づきました。そしてある時から、「人が目的をもって改良していない野菜」「伝統的な農法で栽培されている、種から育った野菜」を「古来種野菜」という造語で呼びはじめました。僕らのところに集まってくる野菜たちを総称するとそんな感じだったから。

1％しか存在しておらず、1％の人にしか認識してもらえていない、この古来種野菜たち。僕ら八百屋と、農家さんたちと「新しい流通＝古来種野菜の流通」をつくろう！　と一丸となって、日本中を駆けまわっています。

なぜなら、この野菜たちが、おいしいから。かっこいいから。素敵だから。そしてなにより、僕たちに多くの学びをみせてくれる存在だから。僕たちが「人」という「動物」だということに気づかせてくれて、その動物（僕ら）が食べる「野菜」が「植物の仲間」であることに気づかせてくれる。そのからだぜんぶを使って、芽が出る、花が咲く、種が採れる。そして、朽ちて枯れゆき小さくなって、自然界の一部になるべく土へと還っていく。

僕らは気づかないうちに少しずつ「自然界との関係」を切り離されてきた。だけど、古来種野菜を知ることで、その関係をもう一度、再構築していくチャンスを受け取ることができたのだ。おかげで八百屋を誇りに思う。大げさかもしれないけれど。いや、大げさに言いたいんです。だって、僕らは今、こんなに不安定な社会の中で、安心して八百屋を続けている。お金もないし時間もない。だけど、なぜだか、安心できている。

こんなに安心していられるのはどうしてだろう？

古来種野菜ってどんな野菜なんだろう？

記録せずにはいられなかった、その造形美

僕らが記録した写真は、上手い下手、は横において、僕らにしか記録できないことを、日々たくさん記録しています（質より量、っていうやつです）。

ここで紹介する写真たちは、古来種野菜に触れた時、思わずカメラを手にとった瞬間のことを今でも鮮明に覚えている野菜たちです。ハッとして、記録せずにはいられなかった、その造形美。

言葉を超えた色、形、姿、時間が、ここにある。

芽吹き
背をのばし
根をのばし
蕾　花　枯れて　種

ねぎの花の蕾

薄いベールに包まれた、花の蕾というか、種、というか。そのぜんぶが「緑色」の中で発色して完結している、ように見えるとは。実は天ぷらなどでいただくと本当においしい。ほろ苦さ、の中にある甘み、春の風味。この時期はほんの一瞬だけ。もちろん市場には出せないので、農家さんだけが知っている味。皮がやぶれて、中から花が顔を出したら、その姿がいわゆるよく見られるねぎ坊主。

縞ささげ

岐阜県飛騨地方の伝統野菜。野村農園さんが、村のおばあちゃんから種を譲り受け、種を継いでいます。春の若いサヤはふわっとやわらかく、秋になると少しずつ縞の模様が濃くなり、サヤの中にある豆はふっくらと大きく成長します。そしてささげの豆として保存されます。その豆は種、です。若いささげは、火を入れると縞模様がなくなるので地元では「湯上がり美人」とも呼ばれています。

茄子

どう食べようか、と考えながら包丁を握った時、ふと手が止まった。ヘタは黄緑でも緑でもなく、それぞれの実は紫色の中で、こく、うすく、あわく、を秩序なく繰り返している。見惚れてしまうのは、ヘタから実へのグラデーション。それは個性。光や風や雨の強弱が、その茄子の成長にダイレクトに伝わる。その実の中には未熟な種が詰まっている。それごとを食べる、僕ら。未熟な種を食べる夏。

甲州もろこし

乾燥してざらっとした葉脈を見ていると、口の中がざらっとしてくる。今にもはじけそうな黄色い粒のつややかさを見ていると、口に入れるとかたそう！　両手で触るとかたそう！　を想像する。古くから山梨県内で栽培されていました。水田が少ない山岳地域では、もろこしを粉にして団子を作り、お米の代わりに主食としていただいていたのですが、甘いとうもろこしにおされて、今ではほとんど作られていません。

雲仙こぶ高菜

アブラナ科の野菜は、さまざまな地方品種が全国にあります。こちらは長崎県の伝統野菜、雲仙こぶ高菜。成長すると葉茎の部分に突起ができる珍しい形状の野菜です。火を入れると芯の部分は甘さが増し、葉の部分は辛みがよく残る。一度で二度、おいしさを味わえます。次第に生産量が少なくなってきましたが「雲仙市伝統野菜を守り育む会」により、地域の宝ものとして大切に引き継がれています。

なつめ

ひとつひとつの、配色のバランスは自然美のなにものでもなくて。ツヤッとした、言葉にならない色と色のコントラスト。岐阜県や愛知県では、秋になると必ずといっていいほど食卓に上がっていました。りんごのような梨のようなほんのりと素朴な甘さ。うま煮にしたり、干したなつめを煎じたり、焼酎漬けなどにして、厳しい冬をのり切る保存食にも。飛騨地方の郷土料理です。

もってのほか

山形県の、食用菊。もちろん、ピンク色の華やかさは美しい、だけどのその中にある黄緑色に目が奪われる。お酢を少し入れたお湯で湯がくと、このピンクとはまた違う濃く鮮やかな紫色を思わせるピンク色に。その花びらは筒状になっているため、茹でても形が崩れず、しゃきしゃきとした歯ざわりが特徴。正式には「延命楽（えんめいらく）」という名の品種。古来種野菜の旬・秋編（P.131）でも紹介しています。

土の中のかぶ

収穫されず畑に残ったかぶは、食べる時期を過ぎ、自然界の循環の中へ入っていく転換期を迎える。花が咲き、種がなり、それぞれの種は別の場所へ。その時の親かぶの、土の中での姿。ここからさらに粉々になり、その場所の土になる。長い時間をかけ、次に育つ草花や木々の栄養の一部として、循環という旅の中を進んでいく。この状態を保存してくださったのは福岡県の池松自然農園さん。

愛知県

縮緬南瓜（ちりめんかぼちゃ）

「あいちの伝統野菜」のひとつ。明治時代より栽培されています。ゴツゴツとしたこの皮に火を入れると、実はやわらかく甘く、さらにお出汁などが染み込むと、なんとも味わい深い。日本人に最も親しまれる日本南瓜の代表格として広く普及してきましたが、昨今の西洋南瓜におされて市場ではほとんどみかけません。直径約30センチ、重さ約2.5キロほどの大きさで、上からぎゅっと押したような平らな形。

山形県

おかひじき

山形県置賜地方で代々受け継がれている伝統野菜。ほうれん草と同じヒユ科。海藻の「ひじき」とよく似ていることから「おか」に育つ「ひじき」＝「おかひじき」と呼ばれるように。江戸時代、山形県の庄内浜でとれたおかひじきの種が、最上川を通って運ばれ、船着き場のあった砂塚村（現：南陽市梨郷）に植えられたのが、栽培のはじまり。日当りのよい砂浜の海岸にも自生している。

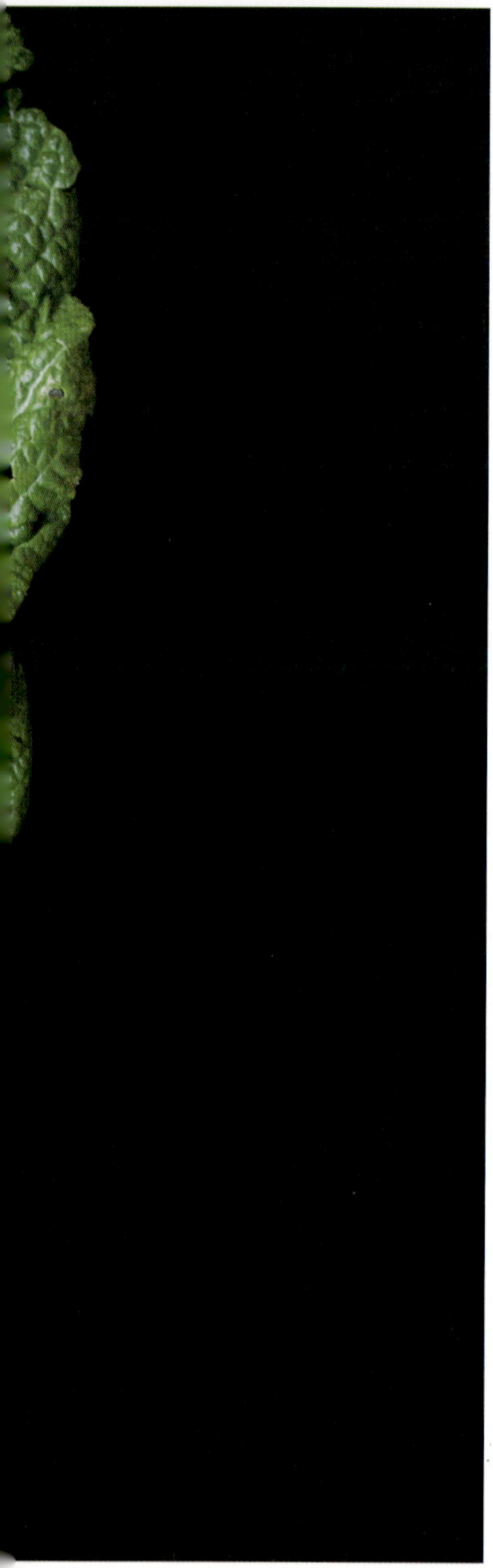

福岡県

かつお菜

この存在感！ 素晴らしい色と形と手触り。なかなか見かけない形状の野菜です。アブラナ科の葉野菜ですが、辛みはなく、名前の由来は「汁もの、煮ものにすると、かつお節のようなよい風味がでる」。漢字では「勝男菜」と書き、勝つ男の葉！ 縁起物ですね。博多ではお正月のお雑煮に欠かせない青野菜のひとつとされています。が、浅漬けにしても、炒めても絶品なのです。

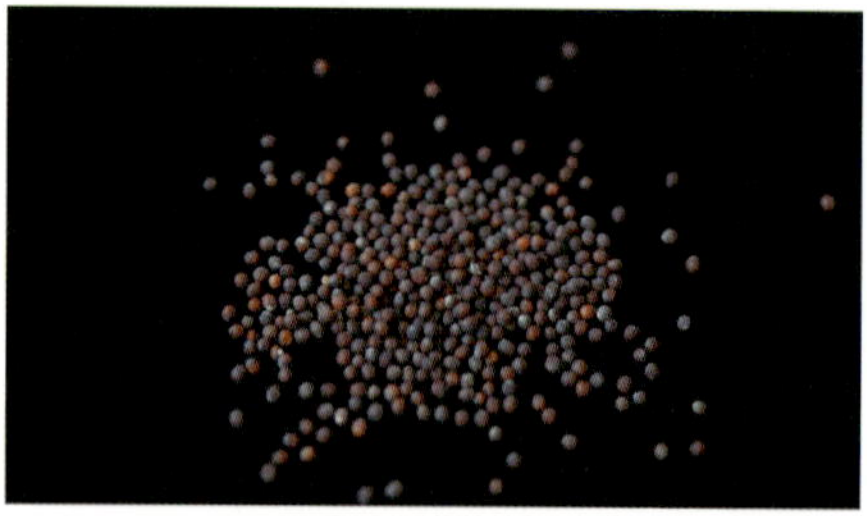

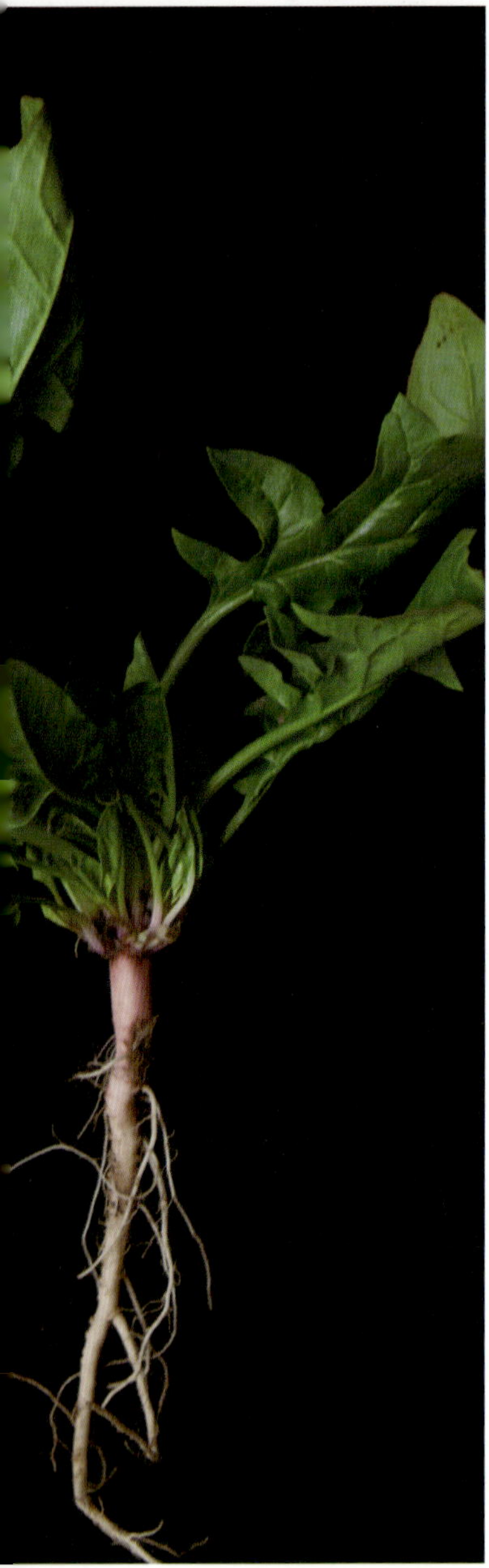

山形県

山形赤根ほうれん草

現在日本で主流のほうれん草は丸い葉っぱの西洋種。山形赤根ほうれん草は、葉にギザギザの切れ込みがある日本在来のもの。赤根・剣葉の東洋種です。ほうれん草の根は、もともとは食べられていましたが、戦後、肥料を使った農法が確立していく中で、「根を食べない茎や葉を食べる野菜」と認識されていきました。雪が積もれば雪を掘り起こし、根についた土を洗い流す作業。冬空の下で。

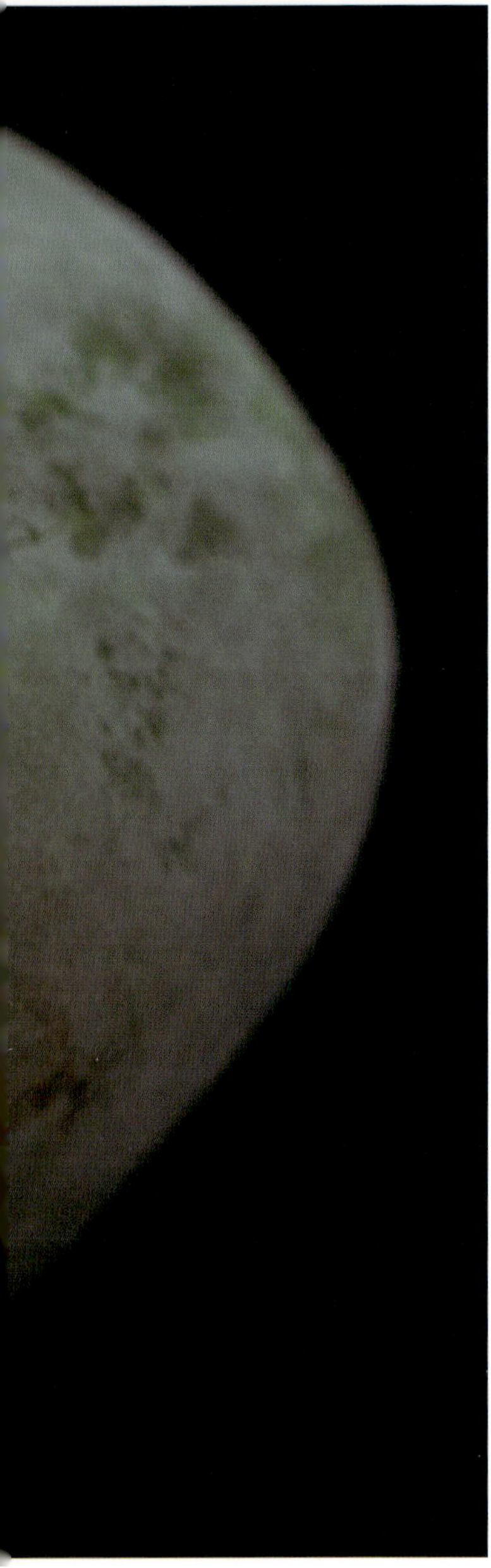

愛知県

早生とうがん

愛知県で明治時代より栽培されてきました。果実の表面に白い粉（ブルーム）がふきはじめたら、熟してきたサイン。市場ではこのブルームが敬遠され、沖縄系の冬瓜が多くみられるようになり、今ではほとんど流通していません。昔は軍手をしないと触れないほど、細かいトゲがあったそうです。「作って売ろうとは思っていない。未来のために残そうと思っている」。生産者である高木幹夫さんの言葉です。

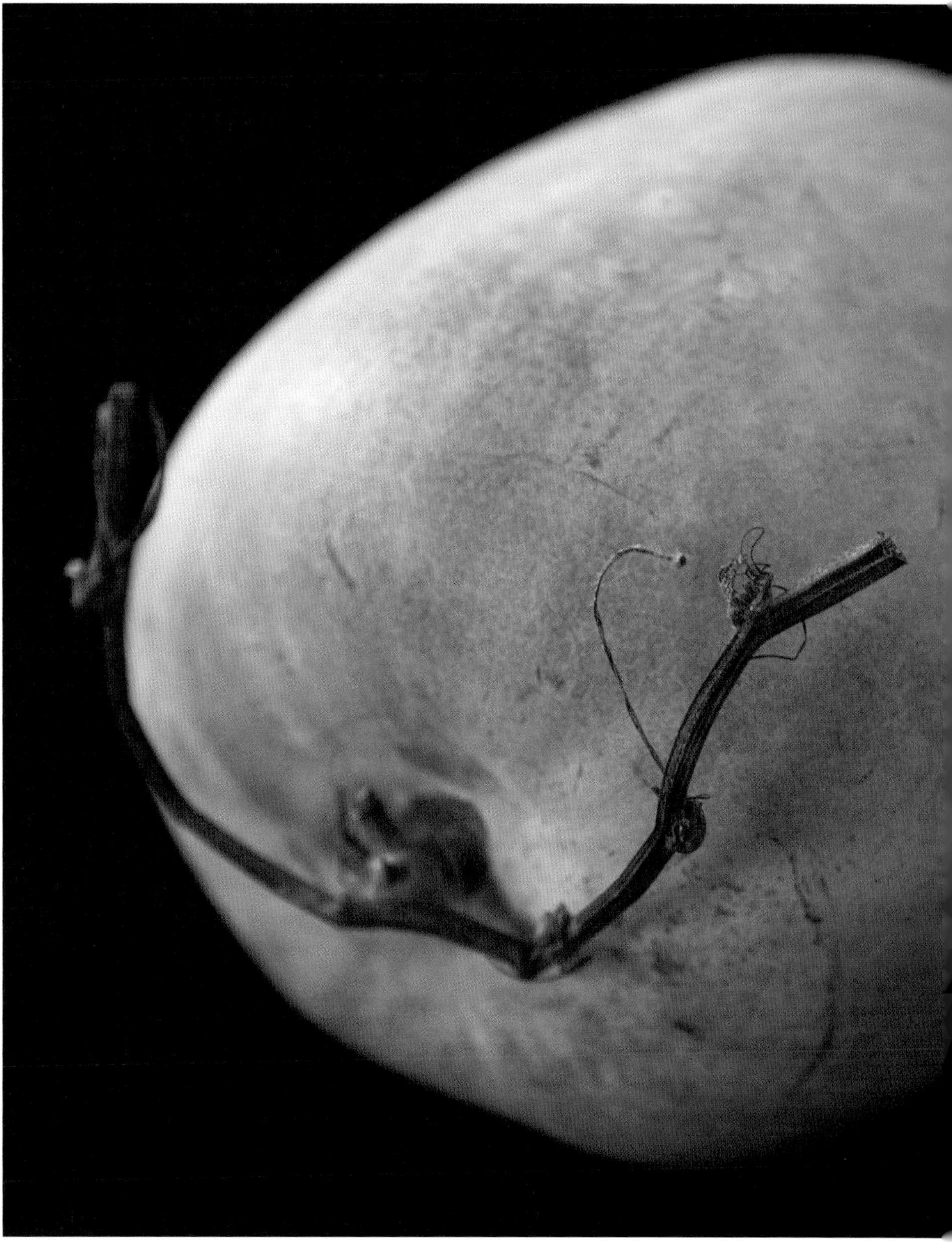

昨日とも、一昨日とも、
そしてきっと
明日とも違う、その姿。

せいぜい僕らが日常の中で見ているところなんて
植物の一部でしかないけれど。

ただ、生き物として変化するものに
囲まれていると
僕らは感化される。

僕らだって、変わっていないわけがない。とか。
わざわざ変わることをみつけなくていいんだ、とか。
十分、日々、僕らは変わり続けているんだ、とか。
変わることにも変わらないことにも
自分の感じることに寄り添っていけばいいんだ、とか。

野菜のさやや花の姿をみないまま、食し、過ごす、僕ら。

大根の花

大根の種は8月に蒔く。芽が出て、地上では茎や葉が、土の中では根っこが成長する。その根っこには花を咲かせ、種をつけるためのたくさんの栄養が蓄えられている。だから、そのまま放置しておいても花が咲くことがある。土から離れて、そこには土も水もないのに。この花を食べてみると不思議なことに、それぞれの大根ごとに味が違う。種が蒔かれてから、決して同じ日々はない、9ヶ月の物語がそれぞれにあります。

南瓜の花

南瓜の花は雄花と雌花の２種類の花が咲く。雌花のすぐ下、付け根に小さな実がついていて、受粉するとその実がどんどん大きくなり、南瓜となります。南瓜の楽しいところは、野菜の成長過程のどこでもおいしく食べられるところ。花は天ぷらに、つるはざっと炒めて塩胡椒、種はオイルで炒ってパンプキンシードに。17世紀頃カンボジアから日本に伝わってきたので「カボチャ」と言われるように。

ごぼうの花の蕾

ごぼうは花が咲く前に収穫され僕らが食べるので、この花をなかなか見る機会はありません。緑色のトゲがある先の方に紫色の花が。アザミ、という花にとても似ています。少しずつ、全体が茶色く枯れてきたら種ができます。動物にくっついて移動する種、強力なひっつき虫「オナモミ型」。スイスの発明家は、このごぼうが付着する原理をヒントに「マジックテープ」を発明したそうです。

内藤とうがらしの花

現在の新宿御苑。その広大な場所は、約400年前、徳川家康が内藤清成へ拝受した土地。内藤家やその周辺では、真っ赤なじゅうたんが広がるほど、内藤とうがらしが栽培されていました。「内藤新宿」として文化的、経済的拠点として栄え、青物市場も開設されます。その頃からとうがらしと南瓜が周辺の農家に広がり、この地域の名産品となったそうです。

人参の花

僕らが食べる人参はオレンジ色の野菜。栄養も評価されているけれど、時には子どもたちから、臭いだの嫌いだの好き勝手に言われる存在。だけど、その人参の花の美しさ。白くて可憐で、レースのような小さな花が連なります。そのギャップに子どもたちは驚きます。え――っ！　あの人参の花がこれ――っ!?!?と。いえ、子どもたちだけではなくて、大人だって真剣に驚きます。

おかのりの花

農家さんから届いた時に、小さな花が咲いていました。古く江戸時代から栽培され、名前の由来は、陸（おか）にある海苔（のり）のような葉もので、海の海苔ではなく、陸の海苔という意味。葉をあぶり海苔のように食べられていたとも言われています。ひとつひとつの葉を広げてみると扇形。さわってみると、葉脈がしっかりしていて、表面はざらっとしていて。生育旺盛で、草丈は1.5〜2メートルくらいまで成長します。

うすいえんどうの花

花が咲き、しぼんだ後にさやができて、その中の未熟な実（豆）をいただきます。大きな粒、素朴な甘さ、ほくほくとした上品な食味。スイトピーの花と同じ豆科ですので、形状はよく似ています。グリーンピースといえば関東地方、うすいえんどう豆といえば関西地方。どちらも春を告げる、えんどう豆のひとつです。

中華春菊の花

キク科シュンギク属に分類される植物。春になると黄色い菊のような花を咲かせるので、春菊と呼ばれています。関西では「菊菜」と呼ばれることも。日本には室町時代に伝わってきたと言われています。葉の切れ込みが少ないもの、多いもの、深いもの、香りがたつもの、収量が少ないもの、などいろんな品種があります。花の香りはまさに菊。

みんなの胃袋を満たすために

本書での「F1種の野菜」とは、大量生産、安定供給、大量輸送などを可能にするために、人為的に改良されてきた野菜たちのことを言います。有機栽培の野菜もそのほとんどはF1種の野菜です。スーパーマーケットで見かける野菜がこれに当たります。見栄えがよく、安価で、気軽に買える。味も個性も画一化されていて、驚くべきは成長日数、大きさや長さが規格としてピタリと決まっていること。

日本の人口推移を見ていくと、1900年には約4500万人だったのですが、1985年には約1億2000万人に。つまり85年間で2・5倍に増えたのです。この人口を支えるために、食料をたくさん作る必要がありました。必要、という言葉では収まらないほどの時代を迎えていたのです。みんなの胃袋を満たすために、野菜をたくさん作る必要があって、種を改良する必要があって、化学肥料を与える必要があった。

Date / /

work

3.

目をつぶって、いつも食べている「大根」をイメージしてみます。
その大根を真ん中にして、いつも食べている大根になるために
必要な要素を相関図としてすべて書いてみましょう。

Date　　/　　/

work

4.

目をつぶって、大切な人、家族や友人をイメージしてみます。
わたしを真ん中にして、その人たちとの関係性を
相関図として書いてみましょう。

多様性という視点

僕ら八百屋も、動きながらも長らく立ち止まり、考えていた時期がありました。

どうして、なぜ、種が大切なんだろう？　有機農業のことはわかる、ＪＡＳ法もわかる、農法もいろいろある。だけど、これは食の世界？　農の世界？　産業の世界？　自然界と分断されている？　いったい、誰のための？

調べても、考えても、わからなくて辿り着けない。なぜ、種が大切なんだろう？

なんとなく、ぼんやりとわかっているいくつかのことをつなぎ合わせる日々。

なぜ？　どうして？　わからないからこそ、日々探ってきました。

そして、僕らの中で、あるひとつの視点に辿り着きます。

それは「多様性を感じる日常をつくりだす」ということです。

大根の一生

農家さんたちが種を採るため畑に残した大根たちは、春になると花芽を出す。それがあっという間にぐんぐんと成長して、茎となり、蕾をつけて開花する。そのことを「とう立ち」と言います。大根に「す」が入るのはこの頃のこと。食べる側からすると旬を過ぎたと言うけれど、大根からすると、蓄えていた栄養を、エネルギーを、一気に開花に向けている時期。子孫を残していく転換期なのです。

花の蕾はもちろん、緑色の「さや」も食べられる。その味はまるで大根を凝縮したような旨みのあるピリッとする辛さ。昔の書物には、さやのレシピが残っている。それほどに、さやの存在、種の存在が身近でした。

緑色のさやが熟して乾燥して、この中にいくつもの種が成長している。この時の親の大根は自らの栄養や水分をすべて、上へ、上へ、と出しきり、生命をやり遂げたような風格。

一粒の種が芽を出して成長し、約1年ほどで、木のようにかたくなり最後は土に還っていく。だから土はなにからできているのかって、動植物の死骸や動物の糞からできているのです。

雉頭大根

源助大根

桜島大根

亀戸大根

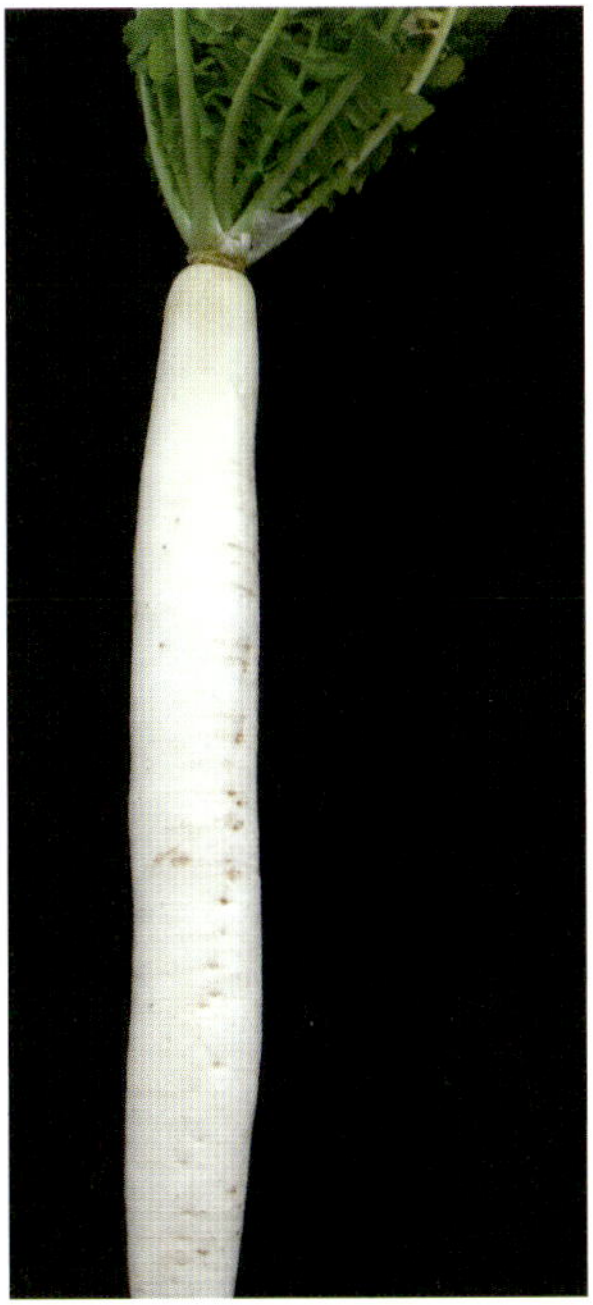

小田部大根

小田切赤首地大根

雲仙赤紫大根

平家大根

しま大根

田辺大根

板垣大根

横川つばめ大根

2.

古来種野菜が教えてくれること

最初に伝えておきたいこと

言葉は人の営みとともに変化し続けています

僕らが何気なく使っている「言葉」は、感覚や意識の中で、時間とともに変化し続けている。生活が変われば、言葉も変わる。社会が変われば、言葉の捉え方も変わる。少し前に流行った言葉は、すぐに使われなくなったり、逆に認知度が高まり、自然に口をついて出てきたり。同じ言葉でも違う意味になったり、短縮してみたり、逆さまにしてみたり！

その言葉とともに、本の中へ旅をする。音楽となって届く言葉と振動に揺れる、美しい言葉、つい裏を読んでしまいそうな言葉、僕らはそれらに吸い込まれて、歓喜する。僕らの感情をあっという間に揺らす言葉。

それは気づかないほど身近なところで変化しているものもあれば、時代を物語るのに大きな意味をもつ変化もある。自分の気持ちを紐といていく時、とても大切なヒントになるから、一般的だと思っている固定された言葉の意味にしばられないことはとても大切だ。

たとえばオーガニック、という言葉と思想の変化を簡単に捉えると、1970年代は「すべての生き物が幸せであるように」と、世界中で同じ意識をもち、それが体系化されてきた時代。そしてその思想を、いろんな視点で伝えてきました。でも、今の日本のオーガニックは「思想が商品の中でラインナップされている」と感じる場面が多くあります。分業が進み、作る人、運ぶ人、加工する人、デザインする人、そしてまた運ぶ人、販売する人。買う人への道のりが遠くなればなるほど、一番最初に作っている人の、その想いが届かなくなっていく。

変化する背景はもちろんこれだけではないけれど、このように、言葉は常に人の営みと一緒に時代を進んでいます。誰かが発する同じ言葉でも、時代によって受け止められ方が違ってくるのです。

さらに、誰かが発信していることや、今ある情報がすべてではない、という意識ももっていてほしい。たとえば、野菜が成長するために必要な要素は、調べると（検索すると）あっという間に、情報として知ることができる。それが「光」、「水」、「風」だとして。

だけど、今、自分が今まさに食べようとしている野菜が、「どんな」光、「どんな」水、「どんな」風、に恵まれて育ってきたのか、というところまではわからない。情報として得た知識と、どこが違う？　なにが違う？　これから自分のからだの中に入っていく野菜のことを、そこまでは知らなくてもいい？　感じることをどこかに置いてきていない？

こんなに、たくさんの情報が言葉によって溢れているのに、もしかして、溢れているからこそ、自分が本当に知りたいと思うことに、気づけていない。本来の自分から、遠く離れてしまっている。

「どんな」光、「どんな」水、「どんな」風、そのことを感じてもらわないことには、僕らがどんなに「種が大切です」と伝えたところで、それだって上澄みでしか伝わらない。

自分ではない誰かやなにかとのコミュニケーションをつくりだす時、言葉は立体的になる。自分の気持ちを代弁してくれるツールだからこそ、溢れた情報からの言葉は少し隣に置いておこう。大切にみたり聞いたりしなければ、自分を傷つけたりすることだってある時代なのです。

僕らは野菜の営みから多大なる影響を受けてきた。だからこそ、それを後ろ盾にして発する言葉や思考の連なりは大切に捉えて言葉にしているつもりです。

ですから、ここから伝えていく言葉は、独特に聞こえるかもしれません。もやっとするかもしれません。これから自分をひらこうとするみなさんに、もしかしたら、合う、合わないがあるかもしれません（合わなかったらすみません）。でも、できるだけ遠くの人にも届くように、誰もが傷つかないように、新しく聞き取れる言葉に反義語がイメージできないように。そして、なにより、誰かと誰かが、できれば、みなさんと農家さんがつながりますように。そう、願いを込めて「知ることよりも感じること」を伝えてみようと思います。

work を振り返ってみよう

「スローフード」とは、1986年にイタリアのピエモンテ州ブラで提唱された草の根的運動。「ファストフード」に対してのアンチテーゼです。スローガンは「おいしい（Good）、きれい（Clean）、ただしい（Fair）食べものをすべての人が享受できるように」。その土地の伝統的な生産者と消費者のつながりを活かし、その土地の食文化や食材を大切にするさまざまな活動が行われています。現在は160カ国以上に広まる国際組織です。

「おいしい（Good）、きれい（Clean）、ただしい（Fair）」

この3つの言葉を聞いて、具体的になにをイメージしたでしょうか。

僕たち日本人に多い回答例は

1　おいしい…和食、伝統食、など日本の食文化

2　きれい…土がついていない野菜、袋に入っている状態のもの、スーパーマーケットなどでの陳列、無菌状態

3　ただしい…学校で教わったただしい栄養摂取のこと。ピラミッド型をした、肉、魚、タンパク質などのバランスのよい食事のこと。

スローフードのスローガンからの見解は

1　おいしい（Good）…そのままの素材、味覚としてのおいしさ。

2　きれい（Clean）…環境への配慮。生産行程や販売行程で環境に負荷を与えていないこと。

3　ただしい（Fair）…社会的な公正さ。働く人の権利が守られていること、生産者が適切な報酬を受けているか。労働条件が正しく構築されているか。

work 2

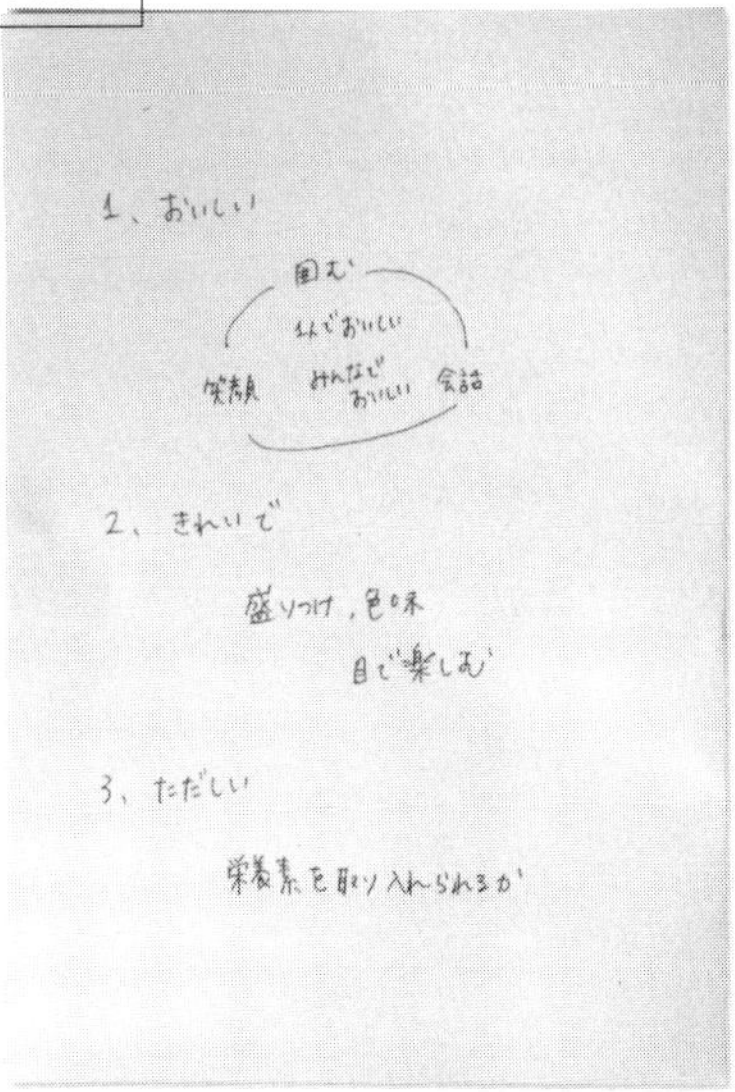

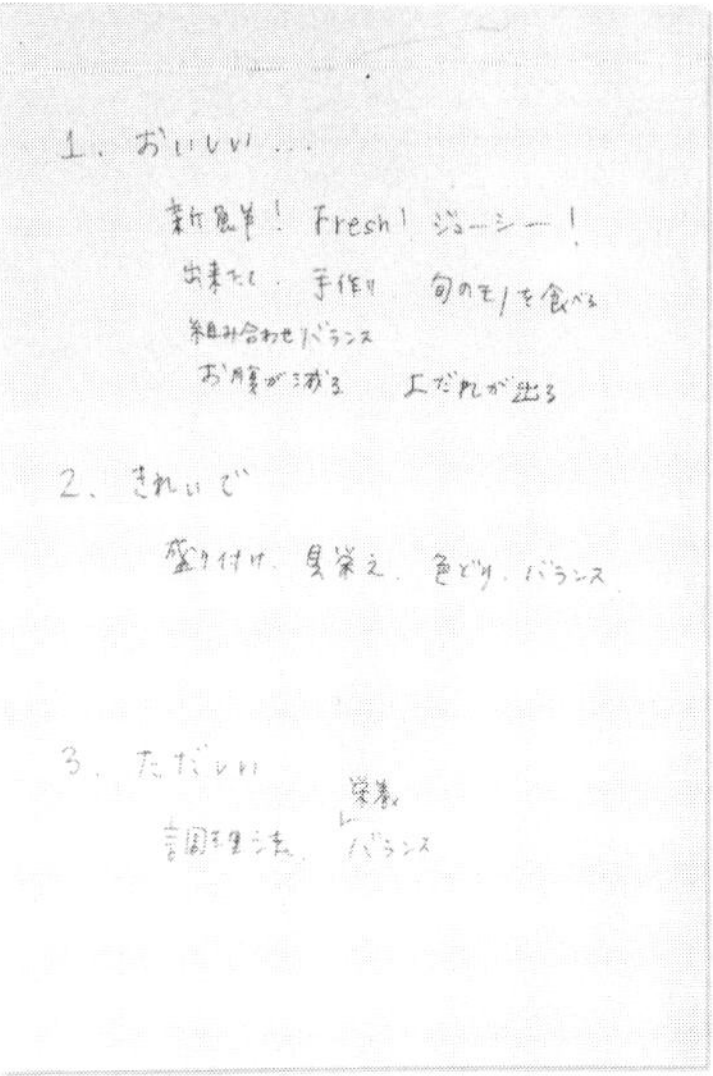

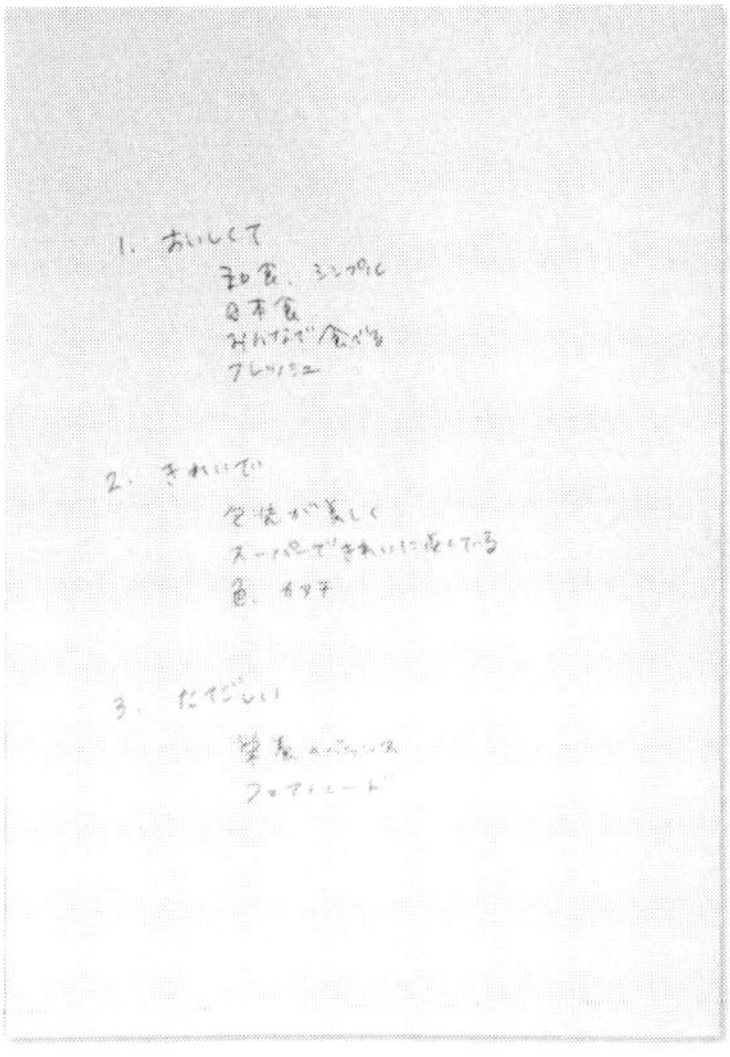

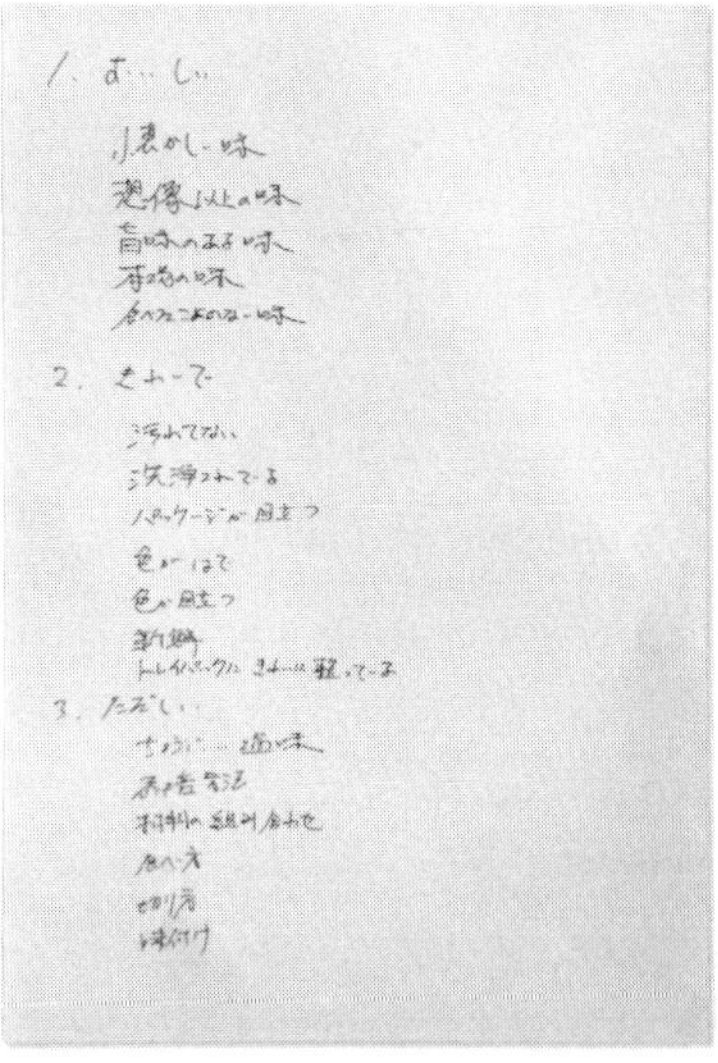

おいしい、きれい、ただしい、につながるそれぞれの意識。どんな言葉が並びましたか？

work 3

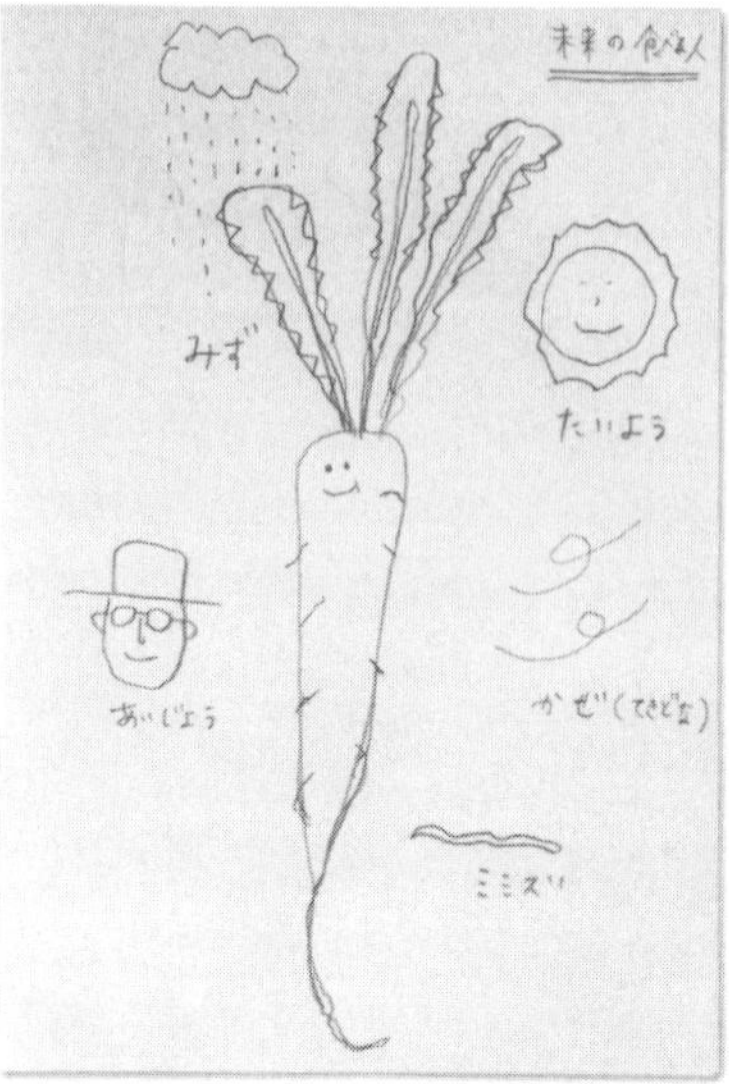

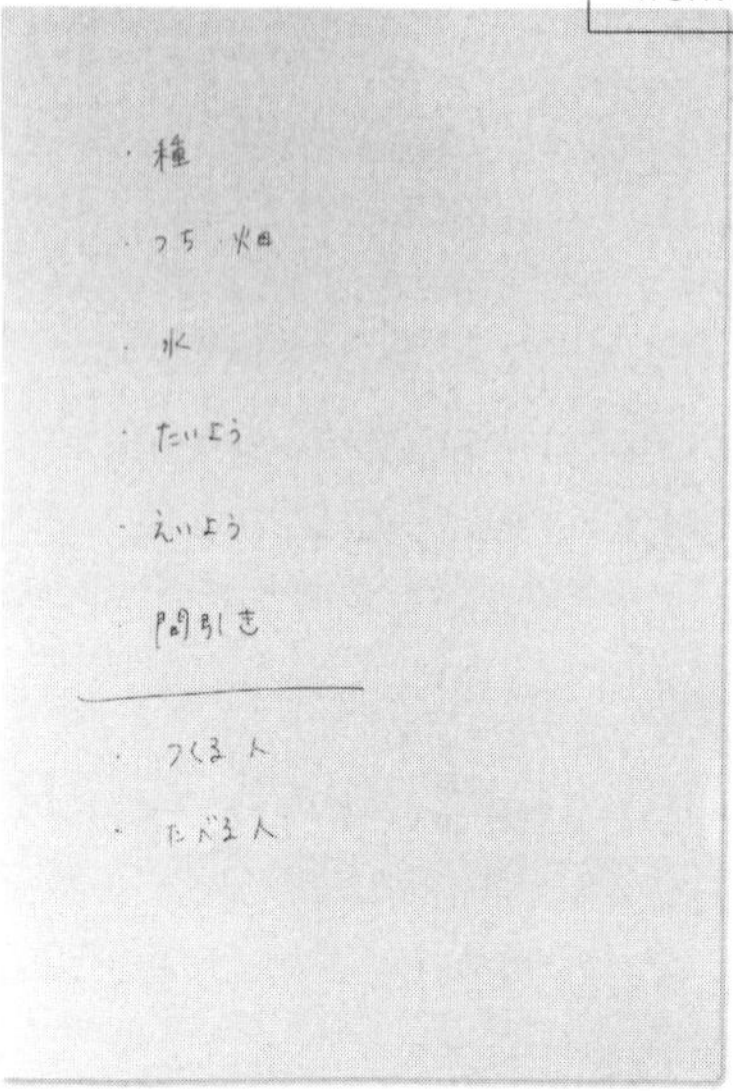

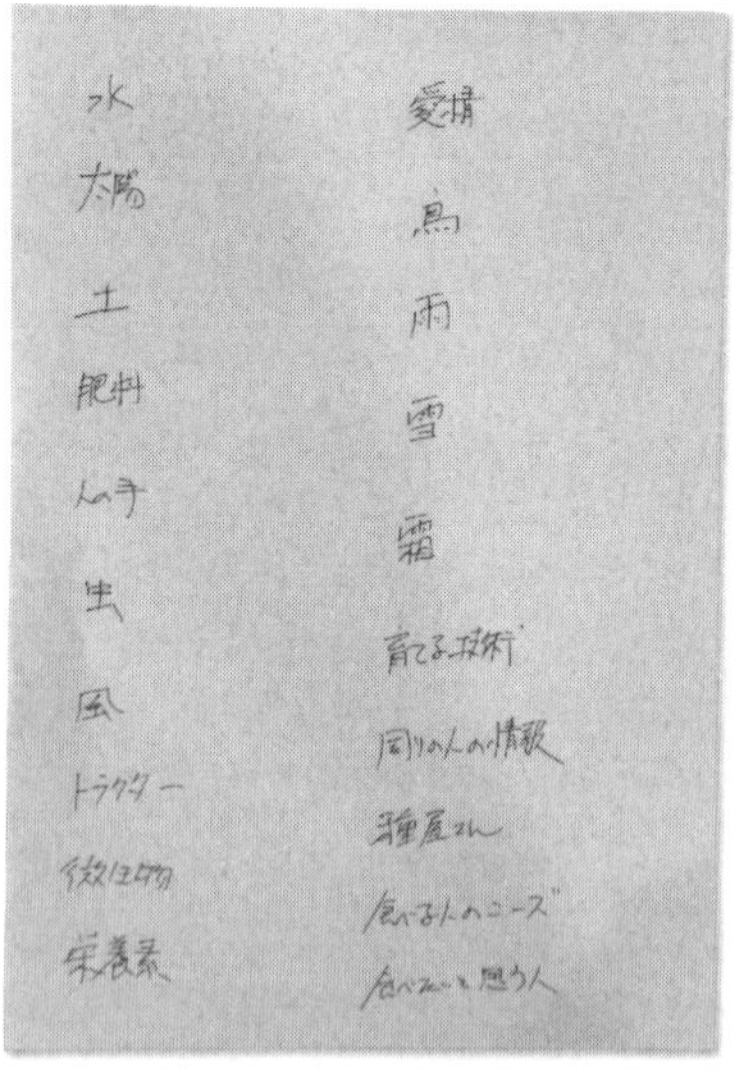

大根が育つのに必要な世界、「微生物」「光」「土」「水」「空気」、それ以外に「人の手仕事」などがあります。

work 4

わたしを真ん中にした相関図、書けましたか？　わたしの日常に関わっている大切な人たちの名前が出てきているはずです。

僕らが学校や社会の中で経験を積んできた「おいしい、きれい、ただしい」と、スローフードの見解とは、その違いに開きがある。だから、なにかのきっかけで「オーガニックってなんだろう?」、「種ってどうして大切なんだろう?」とか、思いはじめた時。明日からオーガニックという思想で！　と意識を切り替えて生活していくことは誰にだって無理があります。長い間培ってきた食への意識がからだの中にあって、さらに手の届くところにあるものや時間を見渡した時、なにから変えていくべきなのかがわからない。買い物ひとつ、にしても。だから、安心してほしい。僕らは、誰だってオーガニックの最初の入り口で戸惑います。

まずは、これまでの自分がもっていた感覚と、たった今、少しだけひらかれた、感覚との差異、を意識してみてください。

さて、Work3 と Work4 をもう少し具体的に見ていきます。

まず、Work4. のわたし、が、Work3. の大根を食べることを想像します。わたし、が、大根を食べる。そのわたしのまわりには大切な人たちがいます。大根にはは大根を育ててきたいろんな要素があります。わたしが大根を食べる、ということは、大根の多様な世界も一緒にいただいています。そこにいた微生物、光、土、水、空気、そして、人の手仕事を。それらがひとつでも欠けてしまったら、この大根は存在していません。もう一度、言います。わたしは大根を食べているつもりですが、大根を支えてきた目には見えない要素をも食べています。

大根から逆の視点で見てみましょう。

「わたし」（＝大根）を食べてくれるこの人には、この人が大切に思う人、この人を大切に思っている人が存在している。その人たちがいなければこの人はいない。僕を食べてくれる、ということは、まわりの人たちへも僕の一部は届いているのかもしれない。

あなた（とあなたのまわりの人）と大根（とそのまわりの要素）のことを真上から見るようにイメージすると、あなたは大根のまわりごとごっそり食べていて、大根はあなたのまわりの人たちにもじわじわとその存在を示しています。

あなたは一日にいくつもの野菜や肉や魚を食べます。その食べものひとつひとつのまわりにも多様な世界が広がっていて、それごといただいている。それをイメージすると、なんだかちょっと元気が出てきませんか？　言葉にならないエネルギーをもらっているようなそんな感覚に。それは「感謝する気持ち」だったり、「いただきます」の気持ちだったりするのかもしれません。

わたしのまわりには、わたし以外の他者が存在していて、その他者のまわりにもいくつもの他者が存在する。

わたしが動いていると、そのまわりも動いている。

太陽は毎日朝と夜を巡らせて、その光は明るく、暗く、を繰り返す。微生物の成長とともに土の中の栄養素も変化し、水はとどまることを知らずに流れ続ける。太陽も、光も、土も、微生物も、水も、空気も、大根を真ん中にした時に、ぐるぐるとまわっている多様な世界が、大根にも同じく僕らにも存在している。それだって、多様な世界だ。それらは、僕らが理解できないような複雑な混ざり方をしあって、僕らのからだや思想につながっている。

次ページに紹介するのは、上の写真は「オーガニック」を真ん中に、下の写真は「古来種野菜」を真ん中にした時に僕らがイメージする多様性です。それはwarmerwarmerという八百屋を構築しているコンテンツ。この中にあるいくつかを取り出しては言葉にして整えて情報を更新する。それを繰り返しています。ですから本書ではこの多様性の中にある、いくつかのことをお話しします。点、でみた時、隣にあるコンテンツと同時に見ていく時、そして全体をぐらっと揺らすように見ていく時、近くの、もしかしたら遠くの誰かに影響があるかもしれないので、慎重になることもあれば、言い切らないと伝わらないこともあります。

work 1

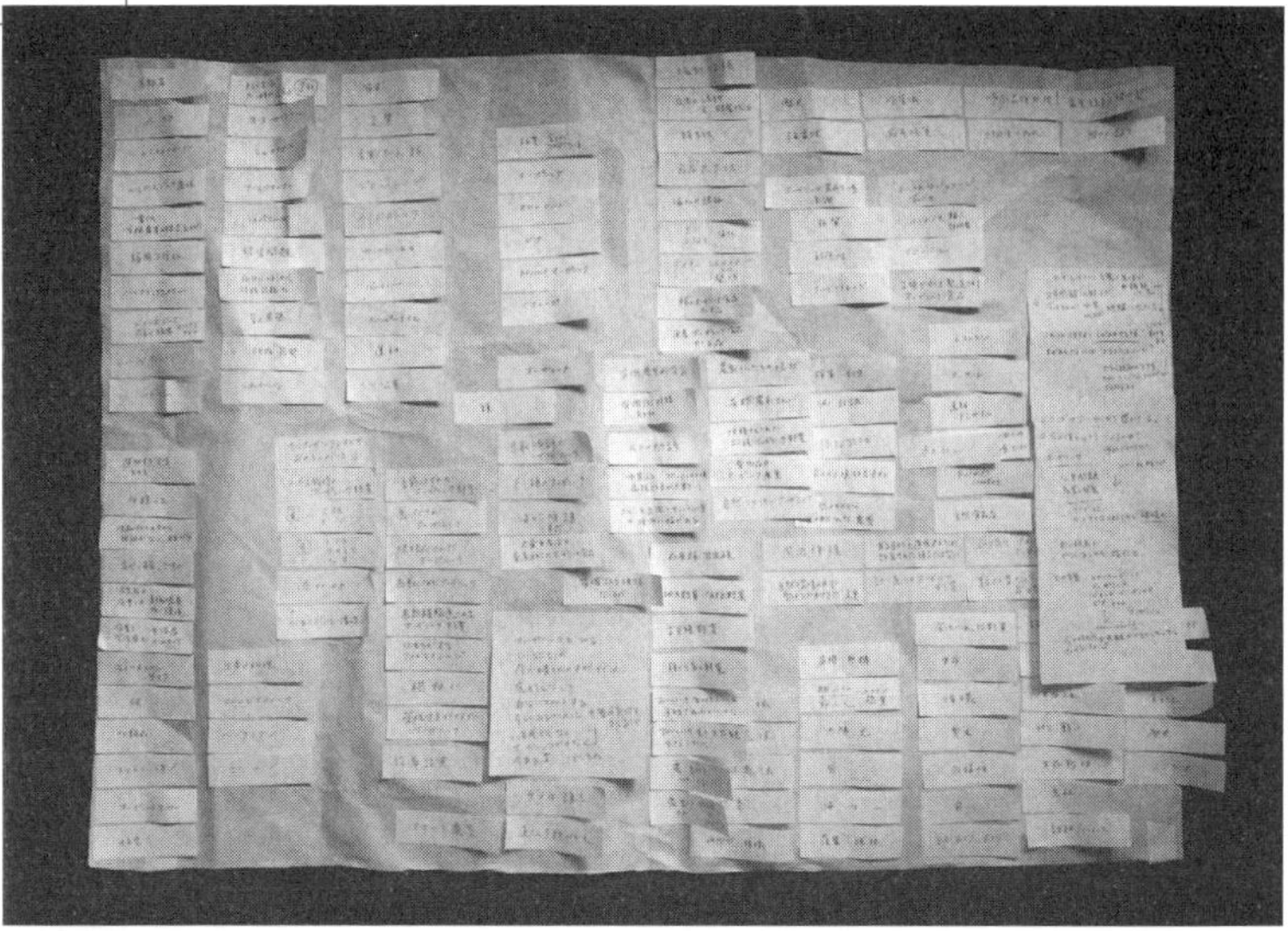

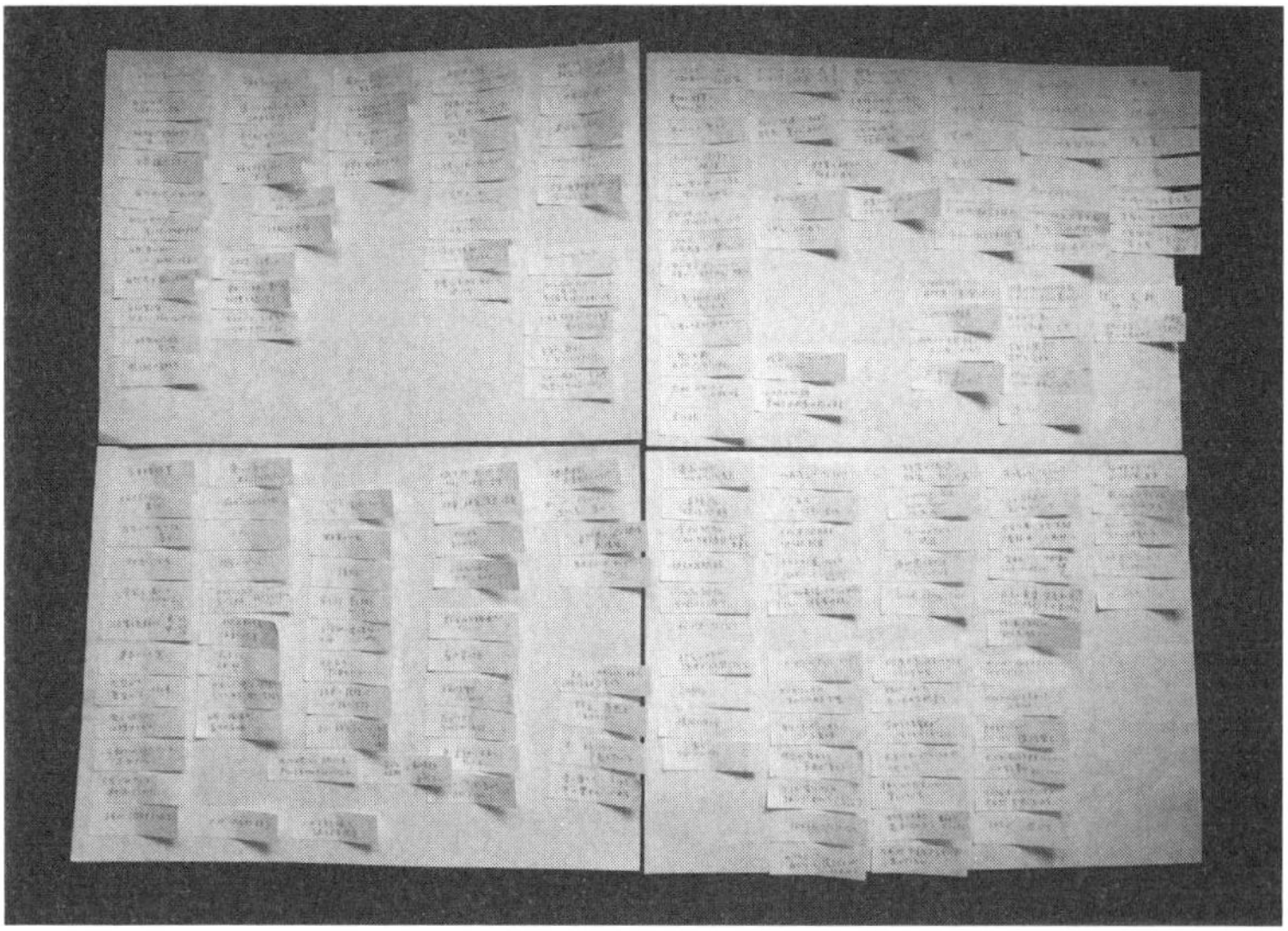

上:「オーガニック」を真ん中に、下:「古来種野菜」を真ん中に、warmerwarmerを構築する多様性。

オーガニックかもしれないし、そうじゃないかもしれないけど

そのはじまりは、メモ。メモで書き散らす、曖昧な言葉の群集

思考にとどめておきたいような、そうでないような。曖昧でよくわからない言葉やその意味。今さらかもしれない単純な疑問、素敵だなと思う言葉や思想。歩きながら、食べながら、人とおしゃべりしながら、本を読みながら出会うメモしたくなる言葉とその意味。偶然ポケットの中にあったなにかのレシートの裏側に、携帯のメモ機能に、本屋でかけてもらったブックカバーの裏なんかにメモ。それが本の中にあったとしたら、直接マーカーをして付箋をつける。何度も読む本なんかは同じところにマーカーがしてあって、その時、一度、手が止まる。あぁ、また同じところが気になってる。

昨日という過去との視点が目移りしてもまったく気にせず、忘れたり思い出したり、深くみつめたり。「ノンジャンルで自分だけの感覚でメモる」。どんなに理解が未熟な言葉でも、その言葉同士が、いつかつながるかもしれないし、ずっと

そのままほうっておくのかもしれない。そんなことをなんの目的もなく続けていたら、次のアクションが出てきました。それは「うずまく時間との出会い」です。出会った人、物、こととともに、そのまわりにうずまく時間ごと、との出会い。もしかしたら僕らが勝手に感じていることかもしれないけれど、そんな出会いは僕らの感覚をぐにゃっとさせてくれます。あなたとの出会いはちょっといったん、時間をいただけませんか、家に帰って一度整理して出直します、というような。農家、料理人、アート、音楽……そして哲学する人たち。その時間や丸い輪のようなものが、だんだん濃く深くなって僕らの小さな思想の光がぽつん、と出てきました。その光と、それまでのメモの群集、そしてうずまく時間との出会いを、なんと言えばいいのだろう。

うずまく時間への多様性を感じている

書き散らした言葉、そこから出会ったうずまく時間。それを、近くからみたり遠くからみたりしながら、古来種野菜の流通に関わることであれば、いろんな企画に落とし込んで、来てくださった方々とシェアする時間をつくりました。農家さんたちとの賑やかなマーケット、真面目でスリリングで古来種野菜を食べながら勉強をするような会、裾野を広げてもっとたくさんの人たちに古来種野菜を食べてもらうための食堂、一方的に喋り続ける講演会などなど。種の存在を感じることは、自然界の中で、人としての在り方を考えるきっかけになり、それは、種の存在とwarmerwarmerとの関係を探っていくことにつながっていきました。

八百屋を立ち上げた当初のコンセプトは「この野菜を経済の中に」という単純なそれだけの動機でした。もちろんそれは今も変わらないのだけど、いろんな人にこの野菜を食べてもらうたびに「今の古来種野菜の実態」や「種という存在の果てしない時空」について、ようやく僕たちの言葉で伝えられるようになってきて。まだまだ、だけど（本当にまだまだ、なんですけど）それは、warmerwarmerではない自分たちのことはまったく想像がつかないくらいの、感覚。これをもてたことは、僕らにとって奇跡に近い。そんなうずまく時間を与えてくれた農家さんに、野菜たちの多様性に、仕事として恩返しをしたい、経済の中でお金にしていきたい。立ち上げ当初にイメージしていた「この野菜を経済の中に」というコンセプトに色がついて、息をしはじめた。まるでひとりで歩きだすように。

コンセプトが息づく、って！

自分の言葉で綴ってきたからこその、景色

コンセプトが息づいて歩き出した、と気づいた時、目の前に広がる景色がどん

どん変わっていくのがわかりました。出会う人との語り合う時間、笑い合う時間、その満たされる心、あたたまる心。どんな時間も新鮮に感じとれる感覚。僕ら次第で、この見えている世界をどんな時間にも捉えることができる。それはそれは、ものすごく美しい旅をしているような感覚！　自分を自分の言葉で深く潜り綴ってきたからこその、自分にしか見えない景色。旅をするように新鮮な気持ちのまま生きていく、とは、こういうことだったんだ。僕らにしか出会えない貴重な古来種野菜との時間、そこに通ずるその思考。それをよし、えい、と胸や腹やからだのいろんなところに気を入れて、もう一度、よし、えい、ええい、言ってしまおう。

これを「オーガニック」と呼んでしまおう！

もちろん、確信めいたことを伝えることはできないし、あやふやなところも多いけれど、その「思考が色をつけはじめている、動きだしている」ことは確かなこと。こうした僕らにしか見えない思考をオーガニック、というならば、これをオーガニックじゃない、なんて、誰にも言えないんじゃなかろうか!?　僕らに見えていることと、あなたに見えていることは違う、だから、とてもいい。だからあなたとの出会いがとても楽しい。

　誰もが過ごしている日常は、まったく同じ24時間が巡っているけれど、その中をのぞいてみると、人それぞれのうずまく時間が存在していて、「立ち止まっては考えて」を繰り返している。それは、その人なりのオーガニックを構築する要素がたくさんあるということでもあって、その誰かとなにかと重なり合った楽しく複雑な動く時間のひとつに、ほんのすこしでも、「種の存在」や「古来種野菜のおいしさ」があってほしいなと僕らは願っています。

　だから、より具体的に。「warmerwarmer のオーガニック」を構築していることや時間がどういうものなのかを、一緒に探ってみたいと思います。

生きとし生けるもの、の「願い」や「営み」

わたしが住んでいる場所、わたしをとりまいている環境、わたしが生きているこの時代、そしてそこへの思想。ここを離れることはなかなか難しい。でも、子どもたちにはできるだけ遠くの大きな夢のような思想をもって羽ばたいてほしい。その未知なる場所には想像もつかないほどの困難があるかもしれないし、もしかしたら楽園かもしれない。でも、自分自身の創造をし続けることが、いかに世界に影響しているかを感じながら。これは、植物であれ、動物であれ、生きているすべての命がもっている、願いであり、営みが続いていく意味じゃないだろうか。

warmerwarmerを構築する、感じるオーガニックとは

あれ？　種から育つ野菜ってなんだろう？

「種から育つ植物」のことはなんとなく理解できます。小さい頃に朝顔やひまわりを育てたことがあったりもしたでしょう。でも「種から育つ野菜」ってなんだろう？　ちょっとぼんやりしている。毎日スーパーマーケットで買う野菜と、育てたことのある朝顔やひまわりが「大きな自然界の中では同じ植物」だという意識がもてずにいるのかもしれない。僕たちのどこかが、なにかが、ばらばらと分離されたまま日常を過ごしているような感覚。

現在の流通している野菜はF１種という野菜がほとんど。僕らが八百屋として扱っている種から育つ「古来種野菜」は、野菜市場の全体において1％しか流通していません。そのことが僕らにどんな影響を与えているか、というのは、善し悪しとかではなく、知っているか知らないか、というのは目に見えづらいけどとても大切なこと。

種から育つ野菜ってなんだろう？　その疑問に、種や植物の不思議な営みから、ふれてみたいと思います。

第一章のワークをとおして、わたしのまわりにある多様性について考えました。さらに植物それぞれにもその多様性が存在していることも、自然界の中で人と植物は同じ横並びに存在している、ということもなんとなくわかりました。

種が旅をするスケールを感じよう

植物は大地に根をはり成長する。自分ひとりで、どこかへ移動することはできません。でも、子孫を残したい、できるだけわたしから遠く離れたところで無事に育ってほしい。そんな願いは、人も植物もみんな同じ。その結果、植物は幾年もかけて自らの変容を続け、誰かに運んでもらう他力本願な拡散方法（種が移動する力）を身につけてきました。種が母体から離れて移動することを「種子散布」といいます。種がどんな手段で運ばれていくのかはそれこそ多様で不思議な世界。風の力を借りて空を飛んだり、川や海などに流されて、動物に食べられて糞として出てきたり、くっついたり落とされたり、時には埋めたことを忘れられたり！

それはまるで、「種の旅」。そのことが僕ら人という動物とどう関わっているのか？　不思議でちょっとロマンのある種子散布をみながら想像してみましょう。

種はどんな方法で散布されているのだろう？

a　風に乗って

風に乗るためには、飛びやすい形をしていなければ。ということで、葉が羽根になりプロペラの役割をすることも。また時間をかけて地面に落ちるような仕組みをもつ種もあります。たとえ散布された場所が、その種にとって環境の良くないところだったとしても、しばらく休んで数十年たった頃、明るく見通しのよい土地になった時に発芽する種があるのは驚きです。

b　水の流れに身をまかせて

小さな種の場合は、雨水によって土の上を流されていきます。海辺に生育している植物は海にプカプカ浮きながらその流れにのって岸に打ち上げられて。見た目には大きい種だとしても、実はその中身がほとんど空洞になっていたり、軽いスポンジのようになっていて、真ん中にある種は、とても小さかったり、水に浮きやすい構造をしている種も多くあるようです。

c　自分の力のすべてを使って

乾燥していく皮と、熟していく種の伸縮する力に差異が出て、その時がくると瞬間的に、ポーンと、種が外へ飛び出していきます。

d　動物の移動する力を利用して（ここ重要！）

動物に見つけてもらいやすいように色をつける果実があったりもします。それを鳥がタヌキがそして人が、果肉を食べて移動した先で糞として種を排泄、その中にあった種が発芽します。また「ひっつきむし」のように動物にくっついて移動する種があったり、ネズミ、リス、鳥のカケスなどの食料を貯める習性のある動物が、その埋めた食料のことをうっかり忘れて！　とか、食べ残したものの種が発芽したりすることもあります。動物が飛んだり走ったり歩いたり。その移動する力を利用して。時には、他の散布方法に比べると、とてつもない移動距離になることがあります。

人も自然界の中で、種を運ぶ役目を担っています

dの「動物の移動する力を利用して」とあるように、植物は「動物が移動する力をもっている」ことを知っています。そう、知っているから、驚きです。

僕たち人という動物は、自然界の一部として、植物の種の散布を手伝っていた、はずなのです。子どもの頃、ボーボーの草むらで遊んだら、イガイガした植物の

ひっつきむし、が洋服に付いたことがあるはず。白くてふわふわしたタンポポの綿毛を見つけたら、飛ばさずにはいられなかったはず。そんなささいな体験や衝動は、自然界の中で人として、種を運ぶ方法のひとつでした。

ただ、今の僕たちはその仕事や役目を見失っている。

自然界との接点でもあるその種が、僕らから遠く離れていることはどこか寂しい。その営みとは別のところにある僕らの暮らしによって、この種を失い続けていること。そして「動物として種を散布する役割を担えていない」こと、を、僕たちはからだのどこかで感じている。僕らになにかが足りないのではなくて、人の役に立っていないわけでもなくて、忘れているわけでもなくて、ただ、見失っているだけ。

だから、種、と聞いて、「ん？　なんだろう？　大切なこと、かもしれないこと？」と、ふと、立ち止まったりする。

僕らの祖先は、移動をしながら種を散布したり、もしくは家の庭先でごくごく当たり前のようにその種を繋いできた。その植物のどこかを食べて、空腹が満たされる安心感によって、その散布が成り立っていたのです。そこへの感謝を伝えるために、代々伝わってきたその野菜を大切に神様に捧げ、村のみんなで歌い踊り豊作を祈り、また収穫を祝う祭りがあった。と同時に、その種が村人の子孫へ絶えることなくつながっていきますように、もっと言うと、未来の子孫たちや今を生きている僕たちが食べものに困りませんように。と、人々は自然の循環の中でずっとずっと、祈り続けてきた。

少しずつ遠ざかってしまった「種を真ん中にした暮らし」とその文化。このまま、遠ざけてしまっていいものか。だけど、巻き戻せるものなんてあるものなのか。それは、八百屋の僕たちにもわからない。ただ、その伝統的な野菜をひとたびいただくと、なんだか少し前の時代を思い出すような懐かしい味がして、おじいちゃんやおばあちゃんたちの暮らしを思い出させてくれる。そこに僕たちがいたような気もするし、もしかしたらいなかったのかもしれないけれど、祭りで踊っている日本人の姿、その笑顔、そこに流れている音やリズムまでも、いとも簡単に想像することができるのだ。それは、一体なぜなんだろう。

先祖代々に種を採り、種を蒔く、そして、成長した野菜を食べる、というリズムが日々の暮らしの真ん中にあった。そう生活すること以外の選択はその当時にはなかったわけだし、きっと役目だなんて思っていたわけでもなく、大きな自然界の循環の一部として、「人も野菜（種）も並列に存在していた」のです。

自然界の「種」について「人」が決めていることがある

自然界の中で「人も野菜（種）も並列に存在していた」はずですが、その「種」について、「人」が法律やルールを決めはじめました。

種を蒔いて、大切に育てて、その野菜を食べる。その営みを、村のみんなと共有していた時代。その暮らしに少しずつ変化が現れます。道具が進化して、生活も少しずつ変化して、それが当たり前の日常になった時、同時に人の感覚も変化していきます。

さらに、戦前、戦中、戦後、この時代の食の歴史には、想像を絶するものがありました。たとえば、昔から食されてきた「太白」というさつまいもは、僕たちにとっては新鮮でおいしいけれど、おばあちゃんたちにとっては、懐かしい、を通り越して「思い出したくない」と言うほどまでに出来事と味覚がリンクしているのです。特に、戦後は荒れ地が広がる中、やっとの思いで営む農業は不作の時期と重なり、国民が飢饉の中におかれました。その時、どうにかしなければ人々の命が危険だと、施行された法律が存在します。その法律は、人々の飢えを、命を救ってきました。

僕たちは、そんな歴史をもつ法律のことを知らないまま、何年も過ごしてきました。「産業の発展に寄り添う食の変化」に慣れてしまって、知るチャンスがなかったのです。なにも不自由がなかったから。本当の空腹に出合うことがなかったから。

そして、昨今における種子法の廃止、種苗法や種の権利に関する法律やルールなどの変化を、突然、聞くことになります。それはなに？　どういう法律？　どういう意味？

そこへの動きが見えづらく、理解している人でさえ、どこかに疑問や不安が残った。基本的に国の動きというのは個人それぞれの意見があるから、なにかしらのしこりのようなものが残ることだってある。満場一致とはそうなかなかうまくいかない。そうだとしても、この法律に関する動きというのはちょっとばかり、目を見張るものがあった。

だからこそ、突然、聞いたように感じたその言葉やその情報をそのまま捉えてしまって、どういうことなんだろうと不安になりませんでしたか？　古い法律であればあるほど「法律を知る＝その歴史的背景も知る」ということにはなかなか至らないことも多いのです。もちろん、八百屋の僕たちだって、同じ感覚です。

なぜなら。

そのルールの中に、いない、僕ら

「①わたしたち」の暮らしの真ん中にあった「②種」について、「③人々」が定めてきた法律やルール。人は自然界において種を散布する役割がある、ということをなんとなく知って、その役割を果たしていないことを「今のわたし」は知っています。

これらの法律やルールが施行された時の、①の「わたしたち」は主に「わたしたちのひとつ前の世代のこと、あるいは祖先のこと」、②の「種」とは「種から育つ野菜や穀物の種」、③「人々」とは、この法律やルールをつくろうとした人たちのこと。

さて、この中に「今のわたし」がいないことに気がつきませんか？

情報が溢れ産業の発展とともに複雑になってしまった社会の中で、種について、食について、大切な法律であるはずなのに、その動きに理解が追いつかないのは当然です。

「今のわたし」がその法律の状況の中にいないのです。

今、僕らの目にうつるもの、手に届くものが、戦後と比べるとすっかり変わりました。言葉の使い方、その意味、受けとる重みや捉え方も変わりました。もっと言うと人がなにかに触れた時の身体の感覚も、食で言うと「味覚」も、変わった。
たとえば、スーパーマーケットを見ていくとそのことがよくわかります。売り場の面積の多くを占めているのは加工品、最近はお総菜コーナーが広くなる傾向があります。だんだんと小さな面積になるのは、青果コーナー。並べられている野菜には土がついていなくて、やけにつるんとした肌の大根もかぶも人参も本来ならたくさんの種類があるはずなのに「1種類ずつ」しか並んでいません。季節ごとにうちだされるのは、野菜ではなく、年に一、二度発表される加工品や菓子類の新商品。そう、種を真ん中にした暮らしと距離がありすぎる。そんな状況の中、法律やその輪郭がつかめないでいるのは、自然なことだと思うのです。

わたしたちの祖先は、暮らしの真ん中に種があった。
そのことがわかりはじめている、わたしたち。
種とは、わたしたちの祖先が暮らしてきた自然界の中に存在するもの。
国のものではない、企業のものでもものない、自然界に在る。
その法律やルールが祖先にとって、必要だった時代があった。
では、今、必要とされる目的と過去の必要とされてきた目的の違いを感じられますか？

ぼんやりとしていて、いいと思います。農家さんたち以外のわたしたちは、今の暮らしの中に、種の存在があるわけではありません。でも、理解しようとすること、思考すること、進んでいくことはとても大切だと思っています。そのことを伝えたいと、前章では、種が広がっていく姿についてお話ししました。一粒の種が旅をするその世界は、想像を超え、時空を超え、「人や生物が共存する自然界」をつくっている存在だということを、ほんの少しでも受けとれるはずです。その種を、なぜ人はコントロールしようとするのでしょう。

自然界に羽ばたいていく種をイメージすると、少しからだがゆるまる感じがします。僕らなんかは、やたらとニヤニヤしたりもします。どこかが安心するような、ときに僕たちの人生もこうでありたいなと思ったり。

その半面、その種をコントロールしようとする人の姿をイメージすると、からだのどこかに緊張が走ります。そのスケールの違いに自然界との隔たりや開きを感じるのです。

僕らがもちうる感覚を、自分自身が最大限に感じること

このタイミングで。どうしても、「種ってどうして大切なの?」と疑問に思っている人たちに、種や食に関する法律やルールのことを「理解しようとする思考」

をどうしても見出してほしいと思いました。どうしても、です。

この法律やルールが、今現在、正しいともそうでないとも言えません。決まっていることに対して動いている、人、地域、企業、そして国を超えたところで、さまざまな憶測が入り込み、混沌としている。もちろん、声をあげて意見することは大前提だし、その先にも小さな変化はある。ただ、もしも今の流れを確実な方向へ変えていけるチャンスがあるとするならば、それは未来にあります。そしてその舵取りをするのは僕らではありません。今の小さな子どもたちの未来の時代です。そのために、今、僕らは、僕らの思考をする力、想像する力を取り戻していくことが重要なのです。そして、今の僕らの暮らしや体感を見ている子どもたちに、そのことを伝えていかなければ。自分に子どもがいる、いないの問題ではありません。今、ここにいるすべての子どもたちに伝えるくらいの意識が、今、大人である僕たちに課せられていると思うのです。

僕らはこの種にまつわる今のこの時代を「停滞という歴史を思考する時代」だと捉えています。種が大切だ、という今のこの活動がどこかのなにかに変化を生むとは思えない。だけど、停滞の中でできることを、その足跡を残しておくこと。「僕らがもちうる感覚を、自分自身が最大限に感じること」それが僕らの役割なんじゃないかと思うのです。

食い止めておく、という流通

古来種野菜のまわりに存在する多様な世界、「微生物、光、土、水、空気」が「日本人の文化、味覚、言葉」を支えてきた。それらをつくってきた多様性のひとつ、人間の「視覚、聴覚、臭覚、味覚」は、昨今の産業の発展に伴う情報量やそのスピードを求める社会の中で、少しずつ失われていることに気づかなくてはいけない。でも、その流れを止めることはとてもじゃないけど難しい。

だからといって諦めるわけにはいかない。祖先が必死に残してくれた未来を僕らは歩いているわけだから。今の子どもたちが50年後に「あれ？　本当の野菜ってなんだっけ？」と疑問をもった時に、その存在がすぐ近くにありますようにと願い、「くい止めておく=食い止めておく」という物が流れるだけではない、別の役割をもつ流通の形を少しでも残しておきたいと思うのです。

衣、食、住の環境が、そして感覚が、僕らとはまったく違う時代がこれから進んでいく。その変化の中、次の世代が「古きは新しい野菜」として新しい古来種野菜の流通を模索してくれるんじゃないかと期待しています。今はまだ、この古来種野菜を「新しい野菜」として紹介するには少し早すぎるし、かといって、古くから続くこの野菜たちが美しくておいしいということを、すぐ隣の人に伝えるのも困難な時。匙を投げ出したくなるようなこの停滞をも、きちんと整理していくのが僕らの役目です。農家視点、八百屋視点、料理人視点、消費者の視点、家族の視点、など、多角的に。

僕らは、これしか言えないんです

2018年4月、種子法が廃止になった。「種子法が廃止になったこの先はどうなるんですか？」「自家採種が禁止になるんですよね？」加えて、普段から古来種野菜を食べていらっしゃる方々からも「実はあまりよく理解ができていないので、教えていただけませんか？」と、多方面の方々から聞かれました。種子法の廃止と、自家採種が禁止されることとは、別の話。でも、その情報が一気に流れ、混乱が起きていました。僕たちは八百屋だから、専門的には答えられないし、飛び交う憶測が正しいとも、そうでないとも言い切れない。わかる範囲で答えつつ、加えて「自分たちでなにを選択するか」ということをこれまで以上に問われる時代が来る、ということを伝えてきました。

その時、チャンスだな、と思ったのです。

これまであまり気にとめていなかった人たちが、ちょっとざわついている。あれ、種について、なにか決まろうとしている？　重要なことみたい。法律が言っていること、あちらこちらで飛び交う憶測、どれを信用したらいいのだろう、それは世界と同じ歩みをしようとしているということ？　世界と同じ歩みって、いったいなに？

これって、古来種野菜の存在を知ってもらえる、チャンス。

食べてもらえる、チャンス。

なぜ、種って大切なんだろう、なぜ法律やルールをぼんやりとしか理解できないんだろう、なぜ今まで知らなかったんだろう。その背景はなに？

ここでは僕らが知っている法律のことやルールのことは説明しません。

なぜなら。

僕らは八百屋です。とてつもなく長い時間をかけてつくられてきたことを、今の僕たちにはまだ表現しきれない。「オーガニック」という言葉に向かうストーリーをつくるような作業の連続を、日常の感覚として取り込んで、思考や行動につながった時、その選択のひとつとして「古来種野菜を食べてほしい！」としか、僕らは言えないのです。

ただ、もしかすると、この法律やルールのことにしても、僕らが進んでいきたいと願う世界の道しるべも、多様性を感じていく中で紐といていけるのではないかと思ったりもするのです。

「法律やルールが動こうとしている」、それはサイン。それが僕らの意識や気持ちと違うものだったとしても、少しでも法を知ることで、この古来種野菜の大切さに気づいてほしい。どんな角度でもいいから、この古来種野菜のことを知ってほしいし、感じてほしい。どんな角度だとしても伝えるので、とにかく食べてほしい。

明日、ひとりでも多くの人に古来種野菜を食べてほしい。

「農と農業」「手仕事と機械化」

バランスを問い続ける

野菜の種を蒔いて、育てて、その野菜を食べる。その暮らしが少しずつ変化した理由は産業の発展による影響が大きく、四季の変化に寄り添う食から、産業の発展に寄り添う食へと、変化をしてきた。時代とともにさまざまな技術を得て、それが日常化していく中で、失うものがあることも、僕らはちゃんと気づいている。「手仕事」を「機械化」することによって産業を発展させ、経済を繁栄させる。これ以上の繁栄をまだまだ続けていこうとするこの時代を、歯止めの効かない時代を、僕らは生きている。

その歴史を探っていくと、1880年頃、イギリスで起こったアーツアンドクラフツ運動にさかのぼる。そう、産業革命だ。手仕事がさまざまな技術によって、機械化され、工業製品が大量にそして安価に生産されるようになった時代の幕開け。

そこに異議を唱え、芸術と産業の融合を目指して設立された「バウハウス」の存在は、設立当時から、昨今に至るまで、世界中の人たちに（建築、アート、写真、文学）影響を与え続けました。僕らではその偉大さを語りきれないけれど、100年以上も前から「手仕事と機械化」について議論されていた。このことを知った時、僕らは途端に勇気をもらった。食だけじゃない、どんな時代にもどんな分野でも、「その狭間の中で手作業も産業も在り続けてきた」ということに。そのバランスは、時代背景や社会の流れによってさまざまな変化があるけれど、まずここで僕らが受け取ることはジャンルレスで「議論する」ということ。どんな時代であっても、手仕事も産業もどう在り続けてほしいのか。僕らにとっての「自然な融合のバランス」とはどういうバランスなのか、と問い続ける、ということだ。

八百屋が議論すべきは「農」と「農業」

「農」と「農業」の「入り口と出口が違う」ということは、前著『古来種野菜を食べてください』にも書いたとおり。その2つの道を混在して考えると混乱する。農には農の流通が必要で、農業には農業の流通が必要で。それは流通だけのことではなくて、栽培方法も、社会におけるその役割も、別々に考えることで、僕らの立ち位置が明確になる。僕らがやるべきこと、そのアイデアがどこにつながるのかをイメージしやすくなり、なにを考え続けるのかが明確になると、不安に感じていたことが整理されていく。どちらかの道を否定するわけではなく、その2つの道を肯定することができるんだ、という安堵に変わった。それは、停滞の中を進んでいける指針でもあったのだけど。

現代の農業は人工的に規格化され、ある意味デザインされている。味も形もその価格帯も、「食べる」という出口にいる消費者のもとへ伝わりやすく届きやすい。僕らが知っていること、たとえば大根は白いとか、人参はオレンジ色だとか、そこから、ずれたり外れたりすることはありません。毎日、正確に、スーパーマーケットや食品店に並びます。だけど、やっぱりそれは正確すぎると、どうもなんだか。今日、入荷すると聞いていたのに入荷していないとか、昨日買った大根より小さいとか、家でカットしたら、すが入っていたとか。そうなってくると、「思考すること」を止めている。

それは、どんな思考を止めているのだろう。

それは「農」をみていけばわかります。農には人工的なデザインはありません、ただ自然と共に「在る」。そこから生まれた野菜の色、色というより配色のバランス、もしくは名前のつかない色やその色に行きつくまでのグラデーション。ひとつひとつの形の違い、それはいびつともいえるし造形美ともいえる。土の中で根と根がからまり野菜のからだを支えようとする力、そのエネルギー。どんなふうに育ってきたんだろう、誰が作っているんだろう、いつもと違う色をしている大根を、どんなふうに食べたらおいしいんだろう？

目の当たりにした美しさの一方で、価格は想像しなければみえづらい。その季節によって収穫する量の見通しは予想でしかないし、一般的な宅配業者を利用するから費用もかかる。このように、消費者である僕らに「感じる（feel）」「想像する（imagine）」時間をつくってくれるのが農の世界観です。それは美しくもあり、ロマンティックでもあり、はかなげでもあり、切なさもあり。この時代において、少なからず、野菜も僕らも自然の一部に在る、ということを伝えてくれます。

僕たちが思う「農と農業の違い」というのは、自分たちがどこの立ち位置にいるかが明確です。誰かと比べる必要がなく、もっと具体的に言うと同じ意識、同じ流通である必要もありません。まったくそれぞれが別の道。さらに農の世界観というのは、地域性がからみ食文化が在るところ。日本には古来種野菜があるからこそ存在する素晴らしい文化や伝統が全国各地にまだまだ残っているのです。

でも、その相対する「農」と「農業」という2つの道筋を、八百屋として「まったく別の道」と表現するのはものすごく心苦しい。その心苦しさや温度差をそのままにしておくのはちょっと違う。農と農業、その互いの道の開きやその温度差を少しずつでも狭めていきたいと切に思う。

それが、今の社会を表現した、僕らのコンセプト「ひとつのプレートの中にF1種の野菜も古来種野菜も」につながる。その2つの違いをどんなバランスで伝えていくのか、僕ら自身がどんな在り方を八百屋として問い続けるのか。それは希望で、ジレンマで、願いでもあり、祈りでもある。そして「八百屋」という言葉とその役割が僕らの中でどんどん変わっていく。八百屋っていったいなんだ？

僕らが願う、手仕事から芸術へ

僕たちが自費で出版した「八百屋」という冊子の最後のページに寄せた文章があります。

—

F1種の野菜がどうかって？ それもYES．素晴らしいじゃないかって思う。その技術や、「おいしくしよう！ 多くの野菜を作ってお腹を満たそう！」とかっていう、その人間の欲求のために作られたわけで。そうしなくてはならない事情がその時代にあったわけで。だから品種改良をして、おいしくなったり、見栄えがよかったり、しゃきしゃきと、歯ごたえがよくなったり。

ただね、その裏っかわで無くなりそうになっている野菜があることを知ってもらいたい。だから、ひとつのプレートの中には、普通に作られているF1種の野菜も、古来種の野菜も一緒に並んでいてほしい。

20世紀と21世紀の食文化は明らかに違う、音楽だって踊りだって、なんだって。大きすぎてわからないけど、木々や海や空も、変化していて、地球規模での変化をしているはずだから、その時代をおいしく生きるために、その時代のおいしいものをいただくって、当たり前のこと。だと、僕らは思っている。

だから、F1種の野菜と古来種の野菜と、1枚のプレートに並ぶことは、それもすごく理想的というか、そうあってほしいというか。あたたかな時代を感じていたいというか。

つまり、無理にすべてをオーガニックにする必要はなくて。ただ、できるだけ、その食べ物の背景を少しでも知ってもらいたい。

なぜなら、その食べ物が僕らの明日をつくるから。

—

これは、僕らが考える「自然と化学の混在する形」です。もちろん誰にでも理解してもらえるなんて思っていないし、そのことがどんなに難しいことかもわかっている。でも、八百屋として「手仕事と機械化」のバランスをいったいどうしていいこうか、ということを、なにかが停滞しているこの時代の中で、問い続けているのです。

そのことが僕たちのコンセプトだと言い続けていると、共感してくれる人、それは違うと意見をもつ人、協力してくれる人、など、いろんな人に出会います。それぞれの分野でそれぞれの立場にいる人たちがこの野菜についてさまざまな意見をもっていて、僕たちの立っている場所からは見えないこと、感じられなかったことがたくさんあるんだと気づきます。

八百屋の立場から見たものは、真実かどうかは曖昧で、確証は得られず、そしてこれでいいのだろうかと不安にもなります。だけどさまざまな専門分野の人たちと、「今」という根源を見ていく。一緒に全体的な把握をしていく中で、点の大きさ、位置や場所が見えてきます、そこから近づいたりもっと遠ざかったり。「答え」は時間とともに変化します。

そこで見出した答えのようなものは。正しいとか正しくないとかではなく、まるで生きているように変化する。その答えのようなもののまわりにある、歴史や未来の混在を、おもしろく、楽しく、ユーモラスに心にとめていく。そんなことを繰り返して、また同じ問いへ戻ります。どうしたら、この野菜を食べてもらえるだろう、と。

僕らの生活が自然界に影響を与えている

今、僕らが直面している、もしくは直面していくであろう、多くの問題について、社会でもいろんな取り組みがなされています。

僕らが八百屋を営む中だけでも見えているいくつかのこと。日本では人口が減少、少子高齢化となり、労働力の減少。世界では人口の増加と食糧問題。地球温暖化による気候変動も身近です。雪が積もらない、水害が多い、気温が高すぎて野菜や果物がこれまでの土地に合わなくなり、「適地適作」でなくなっている。そして産地は北へ北へと移動し、九州地方は亜熱帯化へ。

より具体的な問題がすぐ間近にある、そんな時代になって「僕たちの日常がダイレクトに自然に影響している」ということは、今まで以上に意識して生活しなければいけません。

世界の人口は97億人になるといわれ、食料だけではなく水も足りなくなります。そうすると水を確保したり、作り出したりするために企業が動きだします。本来、自然界の中に僕らとともにある「水」を誰かが管理したり、販売したりしようとする可能性。水だけのことではありません。

土も種も、同じこと。僕らのためなのかもしれないし、利益のためかもしれません。誰かが働くことを考えたら利益を生みだすことは必要なのかもしれないけど、どう考えてみても、僕らはそれを望んでいません。とはいえ、その原因は僕らの日々の中に確実にあって、明らかにそのエネルギーや資源がなくなっているのです。

民間の企業が動き出した時、そこには機械化やＡＩの存在が。僕らはなにも困りません。お金で買えるのですから。でも、本当に豊かでもありません。

もう一度言います。種だけがそうなのではなく、限りある多くの資源が同じような状況なのです。

では具体的にどうしていけばいいのか？　それを考えた時に、あるひとつの道しるべをみつけました。これは八百屋がみつけたひとつのこと。もっともっといろんなところでよりよい思考や考えがあるし、具体的なアクションがあるでしょう。八百屋が今、辿り着いているひとつの問い、として捉えてみてください。

世界が憧れてきた日本人の暮らし、その小さな知恵や工夫の積み重ね

日本には四季があって、その折々の食は季節を表し、その変化を気配で感じている。日本人のもつ自然を愛する小さな気持ちの積み重ねはとても美しい。

僕らがもともともっている、もち続けたいと思っている、その豊かさを、もっと捉えていくことがひとつの道しるべなのじゃないかと。
僕らが食べたいものは、栄養素が足りないからではなくて「味わいたい」。その旬をその食を、今という時を。

真
親
心
清
新
神
信

このすべての文字に「味」をつけてみます。

真↓　真味
親↓　親味
心↓　心味
清↓　清味
新↓　新味
神↓　神味
信↓　信味

どの「文字」の中にも、僕たちが少しだけ立ち止まって想いを馳せるような「時間」が存在しています。文字の中の時間を読んでいるのです。

真味とは、親と過ごす味、心豊かに、清らかな気持ちで、新しい味覚を、神の味のように捉えたり、そのすべての味を信じて日々を過ごすように。

その「文字の中の時間」を「どう捉えるか」は人それぞれ。僕らは現代人で、土からとても遠いところにいるのにもかかわらず、「文字の時間を読む」という細やかな記憶の連続を、想像力の連続を、安易に理解できるのは確かなこと。すっと、心が開いて、身がひきしまるような気持ちになるのに、さほど時間はかかりません。そんな素敵な感覚を僕らはどこかにもっているのです。

その日本人の自然観がその昔、世界に影響を与えてきた時代がありました。

実は、その繊細で奥深くとらえる日本人の感覚に、西洋の人たちは憧れていました。その感覚にならって、１９００年代にオーガニック農法をつくりだしていくのです。

日本人の自然観が世界に影響を与えてきた時代

「オーガニック」という思想は、もともと、西洋の思考です。当時の化学的な農法に対して不安感があり、そのアンチテーゼとして、東洋の思考、思想、そして農法をもとにした動きをオーガニックと呼びました。その内容は、僕らの祖先が明治、大正時代に行ってきた「畜産と作物と人」をひとつにした農業のこと。人間と生物の世界を隔てていない自然と一体化していた農業、を取り入れていたのです。わざわざ「有機」と言わなくてもよかった時代のこと。

戦後、日本も同じように人口増加、都市化の波、大規模農業、大量生産、大量消費への流れが進み、そこへのアンチテーゼとして「日本有機農業研究会」を立ち上げるタイミングがおとずれます。その時、日本は海外のオーガニックの仕組みを積極的に取り入れました。その本質は日本にあった、日本人がもっていたのにもかかわらず、です。

僕たちの祖先が営んできた本質、「自然観」は日本中のあちこちに存在しています。そして、僕ら、個の中にも存在している。だけど、どこかと、誰かと同じ仕組みをもとうとすると、途端に僕らの自然観との隔たりを感じる。なぜなら、「農」と「農業」を分けなければ、理解できないように、あらゆる場面で二極化が進んでいる社会なのです。

これから予想されている問題はとてつもない要素がからみあい、その多くは予想されるとおりになることもある。だけど、僕らの祖先が暮らしの中でもっていた本質。それは小さな知恵や工夫の積み重ね。それが日本人の本質です。

予想されている不安な要素は、完全に元の世界に戻ることはできません。でも、「その日本人の感覚」に気持ちをかたむけ、その明るい光をたよりにすると、今から形どれる、僕らのまわりにある自然という形がオーガニックに近づいていくのではないかと思うのです。

3.

未来に繋げるオーガニック

だから古来種野菜を
食べてください

EAT! EAT! EAT!

僕らはF1種の野菜を食べてきたのだから

僕は1970年代に生まれた。おそらく小さかった頃の大根は苦くて、人参は独特な匂いがして、ねぎやニラは臭かった。そんな野菜を日常的に食べることができた最後の世代なのかもしれない。もしかしたら、そして、お菓子、という存在もすごかった。初めて食べた「ベビースター」はうまく口に運べずにボロボロこぼすし、だけどそれを兄弟で分けて食べろ、と言われるものだから熾烈な争いが生まれたりする。毎日のように駄菓子屋へ出かけた。でも買えるのは時々。そんなスペシャルな日はありったけの10円玉をじゃらじゃら握りしめて、これで、なにがいくつ買えるのか!? 足取りは軽く、食べられる（遊べる）駄菓子を妄想するだけでワクワクした。ちまちましたくじを引いたり、ちまちましたゲームをしたり、ちまちましたガムのような飴のようなものを友達と交換して、ちまちま牛乳を入れたり、水を入れたりしたら、ジメッとした怪しい色の食べものになって。今じゃ考えられないけど、包装なんてあってないようなもので、お店のおばちゃんが手づかみで袋に入れるものもあったりしたし、悪さをしたら、このおばちゃんからも近所の人からもこっぴどく怒鳴られて。あぁ、楽しかった思い出しかない。こんなにいけてる食べものが、いけない食べものだった、なんて、信じられない！　いや、信じたくない！

成長して、カップラーメンが日常になった若気の頃、野菜も食べなきゃなと思って、もやしを食べながらコーラの一気飲みをして、なんとか毎日を食いつないで、大人になった。産業の発展のさなか、若者は音楽も芸術もファッションも「情報」の少なさからパッションですべてを受けとめて、スマートとはかけ離れた、とてもダサくてニッチなところにいた。だから、僕らの体というのは、そういうダサさでつながってきたことは間違いないし、50円や100円でいかに遊ぶか、ということはいくらでも考えられるようになった。同時に、F1種の野菜が少しずつ主流になることに気がつかないまま、過ごしてきた。僕らの心や体を支えてきてくれたことの、ひとつ、がこのF1種の野菜だと思っているから、楽しい記憶であってほしい。古来種野菜が！とか、種が！とか、言っているのは、僕らはここ数年のこと。この煩雑だった時間や記憶を楯や矛にして、今ここに立っている。

だけどその気持ちとはまったく別のところで、この先も農業は進化していく。人の手仕事は機械化され、グローバルな社会の中に存在し、同時に人の食事の在り方も変わっていく。それはもう歯止めが効かない状況だ。なぜなら、本来、自然の中に在るはずの食が、野菜が、産業や経済の中に深く入ってしまっているからだ。

僕らが疑問に思うこの状況というのは自然を軸にすると不自然だけど、産業や経済を軸にするとある意味、自然な形なのかもしれない。僕らはこれまで、さんざんいろんなことを言い散らかしてきたけれど、もうその不自然な自然を認めてしまっていて、今すぐになにかが変わるなんて、まったく思っていないのだ。

じゃあ、なぜ、僕らは。果てしなく返事のない現実にボールを投げ続けられるのかって、その美しさ、おいしさ、そのまわりにある多様な世界に、毎回驚かされるからだ。要するに、どれだけ毎日一緒にいても、ものすごく身勝手に古来種野菜に魅了されている。

なによりも美しくて、なによりもおいしい、ということに。

古来種野菜と一緒に時を食べるおいしさを届けて

僕らの仕事は八百屋です。百貨店や飲食店にこの古来種野菜を卸すほか、一般のお客様にインターネットでも販売しています。

毎週金曜日。全国からたくさんの古来種野菜が届いて、それを袋詰めしたり、整理したり、仕分けをする。その野菜セットには、野菜を紹介したり調理方法などを説明したリーフレットを一緒に入れて、お客様へ発送しています。

実はその野菜セットの中に、どんな野菜が入っているかは届いてからのお楽しみ！　今、どんな野菜が一番おいしいかは、農家さんが知っている。もちろん、「これはありますか？」「あれはありますか？」と確認しながら発注をするけれど、実は僕らも届いてからのお楽しみ！「注文したけど入ってない！」「注文してないのに入ってる！」「思っていたよりも量が少ない！」「量が多すぎる！」とかも含めて、そこは八百屋の醍醐味だ。「なぜこんなことに⁉」となった時の話は、直接農家さんに聞いてみると、楽しい話もあったり、悲しい話にもなったりする。

野菜が配送される時間までもを考慮した鮮度、時には袋詰めされずに無造作にがさっとダンボールに入っていたり、ひとつひとつの野菜に適度な水気を含ませてあるものもある。育てるだけではなくて、おいしく食べてもらうための工夫を、農家さんたちなりにしてくれているのだ。その丁寧な仕事をみせられたら、こちらだってお返しをしなくちゃって気持ちにもなる。

その気持ちはお客さんに返していく。おいしく食べてもらうだけではなくて、農家さんの日常や、野菜の後ろにあるいろんな背景を知ってほしい、と、ちょっとした工夫を重ねながら。

たとえば、「農家さんの畑では、今、この野菜が成長しているよ！」「その成長のために間引きをするんだよ！」「その間引いた野菜がなんともおいしくて送ってしまったよ！」と、大根やかぶ、人参などの間引き菜を野菜セットの中に入れて、後日、あらためて成熟した同じ野菜を送ります。

時には、サービス品として「配送に耐えられない野菜」を入れます。たったの1、2日の配送で、茎がポキポキと折れたり、葉の先が枯れてきたり、新しい芽が出てきたり。野菜の状態をどんなに考慮しても、収穫から調理されるまで、その鮮度を保てない野菜も多い。

だけど、味覚があれば、時間があれば、経験値があれば、ぜんぶが食べられない訳ではなく、枯れてしまったところを取りのぞいたり、届いてすぐに下ごしらえをしたら、食べられるということを伝えてみたり。同じ野菜でも生産地が違うだけで、色や姿かたち、その味さえも違うことだって多くある。その旬は桜前線のように南から西へ、西から東へ、東から北へ、と移動する、そんなことも感じてもらえるように。「時を一緒に食べる楽しさ」が伝わればいいな、と、農家さんと一緒にいろんな工夫や仕掛けをしています。

今、スーパーマーケットに並んでいる野菜のそのほとんどが、慣行栽培にしても有機栽培にしても、Ｆ１種の野菜です。古来種野菜の栽培は、一般の野菜と比べると手間や時間がかかる上、収穫量は少なく、配送費用もかさばる。こんな状態だから、古来種野菜を買うことはとても難しい。「毎日食べてほしい！」なんて、なかなか、言えないのが現状だ。

だけど、ひとつのプレートの中に、Ｆ１種の野菜と少しの古来種野菜が混在してほしい、ほんの小さなひと皿でもいい、とにかく食卓に上がってほしいと思っている。

それは僕らが願う「手仕事と機械化」の在り方だと思うし、「芸術と産業」とも「自然と化学」とも言える、その混在の形。なんて、少し大げさな言い方をしているけれど、その食べ方は、ちょっとした社会へのメッセージ、だったりもするのだ。

月に1度でもいいし、農家さんから直接、でもいい。本来の旬を、今の農家さんたちの畑を想像できるような、食べ方を。小さな胃袋を満たすための野菜の、ひとつ、ふたつが、この古来種野菜になれば。

古来種野菜の旬　春編

3章｜未来に繋げるオーガニック。だから古来種野菜を食べてください

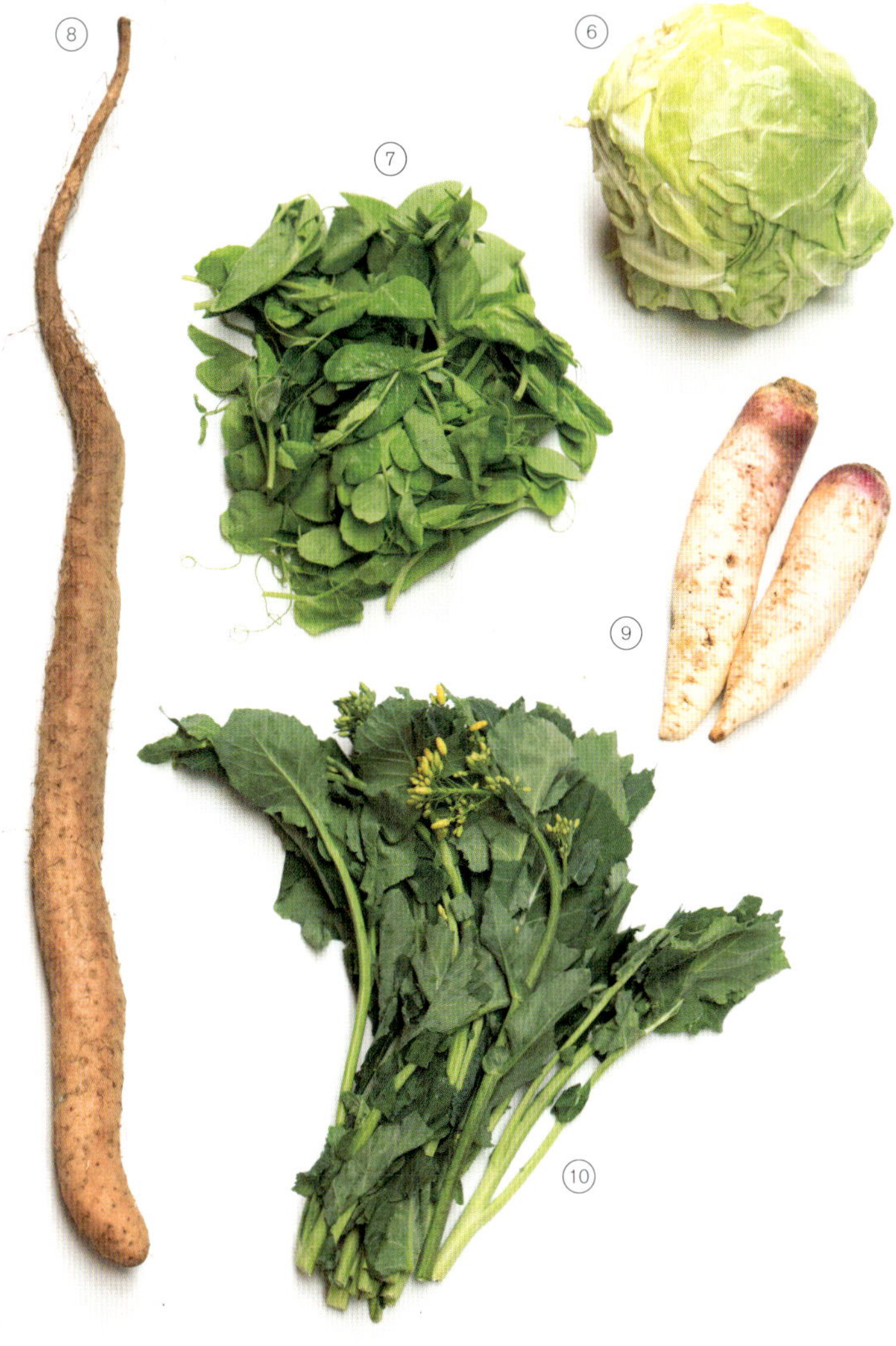

① **越前白茎牛蒡**（**えちぜんしろくきごぼう**）

福井県坂井市春江町で生産されている越前白茎牛蒡。根も茎も食べられる、葉ごぼうを代表する品種。全国的にも珍しい野菜のひとつです。一般的な根だけを食べる土ごぼうとは違い、根が短く茎が白く長いのが特徴。主に茎を食べます。しゃりしゃりとした食感で、噛むと口の中にごぼうの香りが広がり、クセのない味わい。葉は、若くやわらかいうちに茎と一緒に食べると美味とされ、香りを活かした食べ方は、天ぷらやおひたしなどがオススメです。

② **相模半白節成**（**さがみはんじろふしなり**）

神奈川県の伝統野菜のひとつ、相模半白節成きゅうり。江戸時代より前に渡来したといわれる、華南系のきゅうりです。一度は途絶えてしまったのですが、ここ数年で、再び注目をあびるようになりました。果実の半分は濃いみどり色、あとの半分は薄いみどり色、ですから「半白」と呼ばれています。一般的なきゅうりのイボの色は基本的に白。でもこちらは黒。引き締まった肉質で、歯切れのよさが特徴です

③ **スイスチャード**

とても美しい色のスイスチャード。基本的にいつの季節でも食べられるということで、不断草（フダンソウ）とも言われています。茎のところは少しかためですので、炒めてください。葉の部分はやわらかいので、さっと火を入れれば大丈夫。ほうれん草のような食べ方をイメージしていただけたら。パスタにもあいます。おひたし、黒ごまで和えても。

④ **たまねぎ**

このたまねぎをはじめて食べた時の、その味の感動は驚きでしかなく！　こんなにおいしいんだから、きっと誰もが食べたいはずだと、僕らはこのたまねぎに出逢えたからこそ、八百屋をはじめました。強火でじゅーっと焼いて、塩をぱらり。たったのそれだけで、ごはんを何膳も食べられます。また、お味噌汁にいれると、とてもいいお出汁が。弱火でコトコトと10分ほど煮て、ほかの野菜を2、3種類いれてください。また、厚手の鍋に1センチほど水を入れて、やわらかく蒸かします。トロッとジューシーに！　収穫の期間が限られていますし、日持ちも一般的なたまねぎよりは短い（とはいえ3週間くらいはもちます）ので早めにいただいてください。

⑤ **山東菜**

山東菜は白菜の一種。半結球（白菜のようにくるっと巻きつかない）タイプに属します。主に関東地方を中心にお漬物用として栽培されてきました。葉が黄緑色でとてもやわらかくアクも少ないので生のままでもいただけます。かつお節との相性も良いのでおひたしなど、生姜と合わせてもいいですし、にんにく醤油炒めでも。厚揚げと一緒にさっと煮、でもおいしいです。白菜と同じような調理法で。

⑥ **キャベツ**

まずはパリッと、生のままでいただいてみてください。キャベツらしい甘さ、そしてしっかりと肉厚なこと！　ひとたび、火を入れると、春のキャベツはやわらかくて、1年の中で一番おいしいなと思います。まるっと1個入っているので、ロールキャベツにオススメです。とはいえ、サクッといただきたい時、2分、ふかす、それだ

け！　わたしたちはそこに塩昆布をのせていただきます。キャベツが嫌いな子どもがパクパク食べたのは印象的でした。

⑦うすいえんどう豆の豆苗

うすいえんどう豆はサヤエンドウ。さやの中の緑の豆を食べるのですが、その若葉もいただけます。大阪のうすい町で栽培がはじまりました。それが名前の由来。もともと中国では、豆苗としてこの若葉を食べていましたが、とても希少とされて、お正月や特別な時にしかいただけなかったと、言われています。一般的に日本で「豆苗」と言われているものは水耕栽培から発芽した、根っこがついている若葉のこと。スプラウトとも呼ばれます。

⑧高嶺芋

信州・松代産の高原長芋。１０００メートルほどの高原で栽培されている長芋です。山の上へ水を運び上げて育てられています。ツヤッとした、その白。本当に美しく、ねばりもあり、こんなにおいしい山芋ははじめて。その食感を楽しんでいただきたいので、チーズおろしのような固形が少し残る調理器具で、するのもおすすめです。輪切りにして両面を焼いたり、梅やかつお節と一緒に和えるのもおすすめ。もちろん皮のままいただけます。コンロの直火で皮のひげ根を焼いてください。すりおろしてから1日たっても、変色しないのはとても不思議です。

⑨雑頭大根

こちらは岩手県の雑頭大根です。根の地上の部分だけが紅色になるので赤頭大根とも言われています。寒い地域の大根は、水分が極端に少ない。手触りがぎゅっとしていて、一般的な大根と比べるとかたい感触がありますね。すりおろすと辛い！　でも、火を入れるとほっくりとした甘みに変わるからなんとも不思議です。また、蒸しただけ、だと、またその甘さがちょっと違ったりして。甘酢漬けもおすすめです。

⑩あぶら菜

アブラナ科の野菜、たとえば、キャベツ、大根、小松菜、ブロッコリー、白菜、チンゲンサイなどはすべて、とう立ちして花をつけます。それは、菜花と呼ばれるものなのですが、市場に流通している菜花は、このあぶら菜の花が一般的です。現在の菜花は、菜花として食べるために栽培されていますので、あぶら菜の成長過程を見ることも、いただく機会もなかなかありません。花の部分も葉の部分も、くせがなく、おひたしや炒めもの、酢味噌和えなどもおすすめです。

古来種野菜の旬　夏編

3章 | 未来に繋げるオーガニック。だから古来種野菜を食べてください

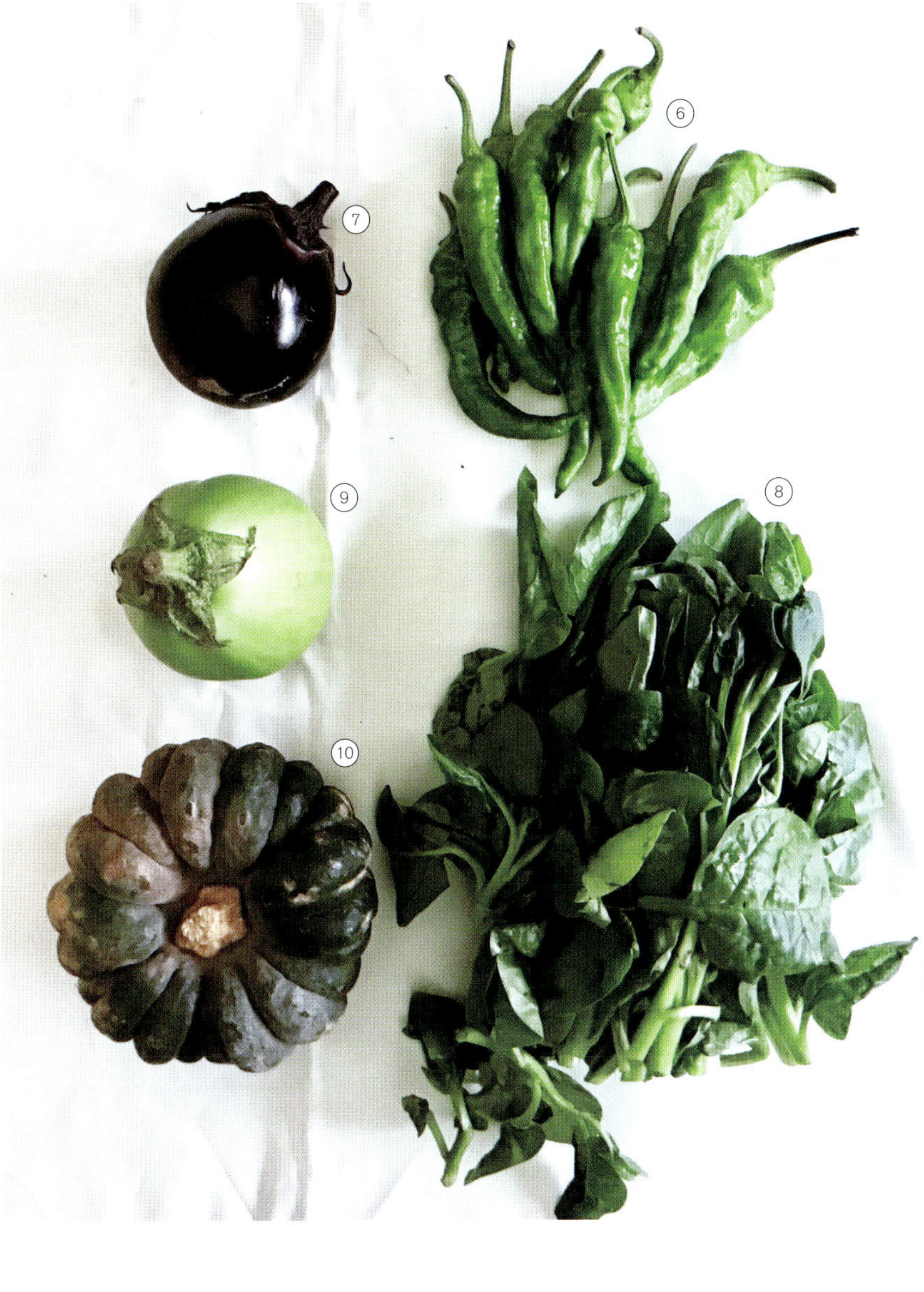

① 冬瓜

ウリ科トウガン属。冬瓜は夏が旬の野菜ですが、日持ちがよく冷暗所で保存すれば冬まで貯蔵できることからこの名がつけられました。「ふゆのうり」季節を越えたとても素敵な名前だなと思います。煮ものや汁ものとの相性は抜群です。インドが原産といわれています。皮はきんぴらにも。口当たりをなめらかにしたい場合は皮を厚めにむくのがおすすめ。

② マクワウリ

この美しい黄色の果実、実はメロンのご先祖さま。馴染みのある、プリンスメロン、キンショウメロンなどはマクワウリの系統との交配で生まれています。ウリ科キュウリ属の一年草。北アフリカや中近東地方が原産と言われています。日本では、12世紀頃から美濃国（岐阜県南部）真桑村（のちの真正町、現：本巣市）にてよく作られていたため、マクワウリという名前がつけられました。現代の改良されたメロンの甘さよりもさっぱりしていて、冷たく冷やしていただくと本当においしいです。その昔、農家さんたちの畑には必ずあって、夏の暑さをしのぐ飲みものとされていたとも。食感は、さく、さく、と。

③ 山口在来きゅうり

一般的なきゅうりよりも、ずんぐりむっくりと瓜に近い形をしているので、冬瓜と同じような調理をしてもいいですね。まずは、塩もみをして、その味をみてから、合わせる調味料を決めてみてください。少量のお酒とみりんでのばしたお味噌、梅味噌、ごまや昆布や紫蘇、みょうがとあわせて。梅干しとも、またおいしい！

---

④ じゃがいも

じゃがいも栽培の過程で窒素が入りすぎると、苦みやえぐみがでてくるのですが、このじゃがいもは、とにかく甘くておいしくて、えぐみなどは一切ありません。ポタージュスープにしても、ゴロゴロとしてコロッケにしてもとてもおいしくできあがります。蒸篭で蒸して食べるもよし、その後にもう一度焼くと子どもたちに大人気な一品に。調味料のいらないじゃがいもです！

⑤ 八町きゅうり

信州の伝統野菜のひとつ。昭和30年代頃に長野市善光寺周辺の高級料亭で「もろみきゅうり」として出されていました。その他、浅漬、味噌漬けや佃煮などでも使われていたとされています。一般のきゅうりと比べると「ずんぐりむっくり」。皮が薄く、肉厚で種が少なく、歯切れよく、香り強く、独特な風味…言うことなし！の食味楽しいきゅうりです。

⑥ 三宝甘長とうがらし

色が鮮やかで、辛みのないナス科トウガラシ属の野菜。大きめの甘いとうがらしです。そのほか、甘いとうがらしといえば、京野菜の「伏見甘長とうがらし」や「万願寺とうがらし」などが伝統的に栽培されています。この三宝甘長とうがらしは鳥取県固有の品種。昭和初期から栽培されてきました。その名のとおり生で食べても辛くなく、肉質はやわらかく、青臭さや苦みが少なく、かつ、ピーマンのような甘さをもつのが特徴です。

⑦ **賀茂茄子**

京都周辺で古くから栽培されている京都特産の丸茄子です。皮はやわらかく、しっかりした肉質なので、煮崩れせず、田楽料理のほか、和えもの・揚げもの・煮炊き・漬物などにむいています。賀茂茄子はほとんどが露地栽培されているので、出回る時期も限られていますす。貴重ですね。

⑧ **ツルムラサキ**

ツルムラサキは中国南部から東南アジアにかけて広く栽培されている野菜です。ほうれん草と同じ緑黄色野菜ですが、独特の粘りと香りがありますね。茎が太いので、葉と茎を別々に下茹でする方がよさそうです。油との相性が良いので、炒めもの、揚げものにもむいています。アクは少なめですので、下処理は必要ありません。ほうれん草や小松菜などと同じような食し方でどうぞ。

⑨ **青茄子**

青茄子のおいしさは、一般的な茄子と比べると実がトロッとしているところ。じっくり焼き上げるのもよし、さっと、強火で炒めるもよし、塩と少しの醤油でいただくだけで、あぁなんという夏の味。揚げ浸しにして、冷やしていただくのはもちろん、気持ち大きめにカットしてなすステーキにするとそのトロッとした食感が楽しめます。黒い茄子には、形状の特徴を表す名前や、地域名、深く関わった人の名前などが由来となり、〇〇茄子などと言われることが多いのですが、青茄子に限っては、どこの地域でも、青茄子、と呼ばれることが多く、なんとなく不思議だなと思います。

---

⑩ **勝間（こつま）南瓜**

勝間南瓜は、なにわの伝統野菜。1キロにも満たない小さな日本かぼちゃです。収穫時は緑色の皮をしていますが、甘みが増し少しずつ赤茶色になります。この深い溝とごつっとした感じ。その存在感は圧倒的です。とても、病気に弱く、手間がかかる、そんな理由で流通にむかず、西洋かぼちゃにおされてしまっているのが現状ですが、お祭りや言い伝えで、人から人へ伝わっていき、一般的なかぼちゃと同様に、食卓へ上がり続けてくれるといいなと思います。ふかしてから、甘く煮た小豆と合わせていとこ煮に。素揚げの天ぷらもよし、ペーストにして他の野菜と合わせて春巻きなどに。

●つまみ食いのススメ

古来種野菜には個体差がある。だから、まず、生のままパクッと食べてみる。苦い、辛い、甘い、みずみずしい、かたい、やわらかい、どこがやわらかい？

皮のところもやわからい、じゃあ皮はむかないでいいね、そのまま切って、火を入れようか。焼く、蒸す、茹でる、もう一度、そこでパクッと食べてみる。塩はいる？　どんな味にする？　野菜によっては、塩さえうてないことがありますね。そこでは9割の味で終わらせて、残りの1割は食べながら食卓で。「いただきます」のその後に、ちょっとおいしい洒落た塩でいただいたり、風味のよい醤油をたらり、落としてみたり。つまみ食いをすることで、野菜本来のおいしさを引き出していくのですが、同時に「今日は何を食べたい？」と自分のからだに相談しているのかも。つまみ食い、いいですよね。

古来種野菜の旬　秋編

3章｜未来に繋げるオーガニック。だから古来種野菜を食べてください

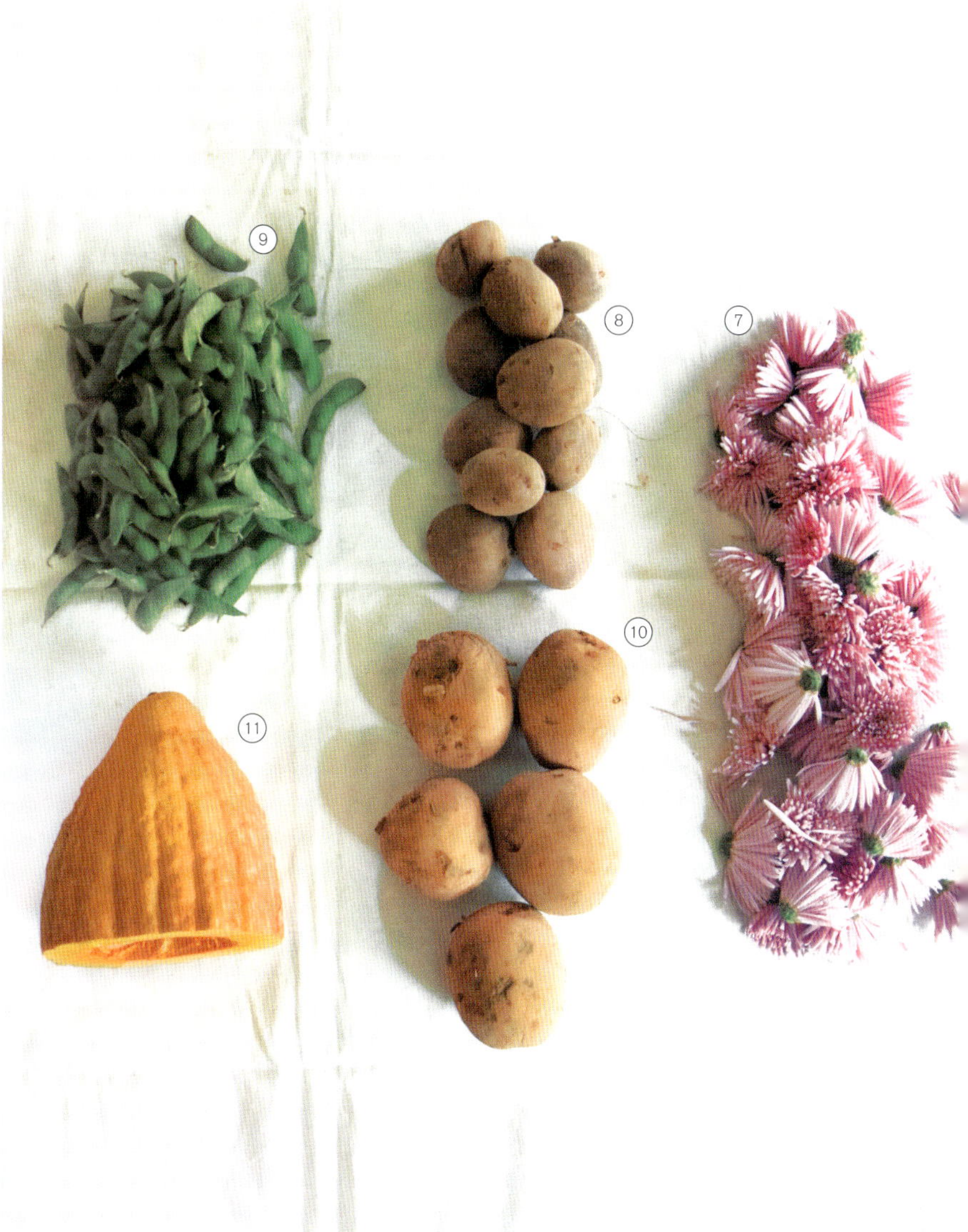

①八事五寸人参の間引き菜

八事五寸人参は、もともと名古屋市の東部丘陵地帯にある八事のあたりで栽培されていました。大正時代から昭和初期には東京、大阪市場に出荷されていました。そのくらい食味もよく、色味も美しく、肉質もよく、甘みも素晴らしい人参です。現在は細々とその種が繋がっています。まだ間引きですので葉っぱは天ぷらやおひたしに、根の部分はサラダ、お味噌汁、ディップなどでいただいても。縦半分にカットすると、小さな人参の様子が目でも楽しめる、今だからこその可愛らしい姿ですね。

②生落花生

千葉県を代表する落花生。今回は「おおまさり」という品種。一般的な落花生に比べると、約2倍の大きさ！　とにかく大きい！　なにより、甘い！　水から茹でて、沸騰してから約8分ほど、ちょっとつまみ食いして、もう少しやわらかい方がよければ、プラス2分ほど。お好みの茹で加減でお召しあがりください。掘りたての生落花生は水分を多く含んでいます。なるべく早めに茹でてあげてください。そして、食べきれなかったものは冷凍保存して、温め直していただけます。ただ……茹でてしまえば、手が口が喜びが止まりませ――ん‼

③黒田五寸人参

ぎゅっと身が詰まっている黒田五寸人参。一般的な人参と比べてみると甘さの質がちょっと違います。子どもたちが好きじゃないかもしれない（！）人参独特の香りとそこにぴったりと寄り添うような味。人参の葉は、白和えやごま和えなどに。人参は、煮もの、炒めもの、サラダ、天ぷら、スープなどに。とてもみずみずしいので、生のままぽりぽりサラダでいただいても。少し塩をした後に、金柑などの柑橘類と合わせてもおいしいです。蒸しただけ、焼いただけ、茹でたもの、火の入れ方でそのおいしさに幅があります！　どれもおいしいのですが、個人的には蒸しただけのものが、とてもおいしいなと感じます。

---

④常盤牛蒡

皮をむいたり、むかなかったり、それだけで食味が変わります。信濃と越後をつなぐ飯山鉄道が開通してからは、ここの最寄駅から貨車一両に牛蒡が積まれ、加賀や京都や大阪へつぎつぎと運ばれていって京料理には欠かせないものになりました。その頃が常盤牛蒡の全盛期です。千曲川が運んだ肥沃な堆積土壌で栽培されているので、すが入りにくくアクが少ないことから煮ものなどにおすすめです。

⑤甚五右ヱ門芋

山形県の在来作物を取り上げたドキュメンタリー映画『よみがえりのレシピ』でも紹介されていた、甚五右ヱ門芋。佐藤春樹さんの家に代々伝わっている伝承野菜の里芋です。室町時代から続くこの芋は粘り気の高いやわらかな里芋。皮のままふかして、まずは少しの塩でいただいてください。「絶品とはこのことか！」と、思わず、言ってしまいます。ふかした後に、素揚げしても。

⑥ **人参芋**

とにかくシンプルに、ふかす。まずその鮮やかなオレンジ色に、これが「サツマイモ⁉」とみなさん驚かれます。蒸したあとに、さらにこんがりと両面を焼いたり、ご飯と一緒にナッツ類や切り干し大根、ひじき、などなどお好きなものをちょこちょこと入れて、炊き上げるといろんな味が広がる、芋ご飯。人参のような甘さをもち、スープでもお菓子でも万能にいただけます！

⑦ **もってのほか**

彩が鮮やか！な食用の菊です。近頃はエディブルフラワー（食べられる花）も多く見かけるようになりましたが、菊はその名前が登場するもっともっと前に存在していました。日本のエディブルフラワーです。「天皇の御紋である菊の花を食べるとはもってのほか」とか、「もってのほか（思っていたよりもずっと）おいしい」など、名前の由来も聞いていて楽しいです。茹でる時に少量の酢を加え、歯ざわりを楽しむため、茹ですぎないのがコツ。この淡い紫色の花びらは、火を入れると鮮やかな紅紫色に変わります。和えもの、おひたし、酢のものに。そのまま、天ぷらや吸いものなど、食べ方はさまざまです。

⑧ **むらさきいも**

じゃがいも、なのに、むらさきいも。と言います。さらに言うと皮は紫ではなく、赤っぽい、です。おもしろいですね。カットしてみると、一般的なじゃがいもよりもちょっと黄味が強く、肉質はかため、煮崩れしにくいのでとても使いやすいです。ほくほくと形状を残せるポテトサラダ、コロッケにする時には、きれいに潰さずに大きめにゴロゴロとじゃがいもが残っている感じもおいしい。お醤油とお砂糖だけでコロコロ転がして、ころ煮でも。

⑨ **小糸在来枝豆**

千葉県君津市の小糸川流域を中心に栽培が分布していた高品質大豆！ 7月播種の晩生系です。実が若い「枝豆」としての収穫期は10月中旬から11月上旬頃、乾豆（いわゆる大豆）は11月下旬から12月上旬頃。甘みが強く、丹波黒並みの最高水準。えぐみのない素朴な味とほのかな香りも特徴です。市場では「北陸・東北地方の茶豆に勝るとも劣らない味」と評価されています。少量の塩とあわせて数分おき、水から茹でて5分ほど。楽しいのはどの段階で引き上げるか⁉ つまみ食いをちょいちょいとして、お好みの食感になったら、お湯からあげます。枝豆ごはんも、おいしいですねぇ。

⑩ **じゃがいも** （↓P.126④）

⑪ **八媛（やひめ）南瓜**

『博多ふるさと野菜』のひとつ八媛かぼちゃ。福岡の八女地方で作られている、昔から伝わる日本かぼちゃです。ラグビーボールのような形をしています。甘みもありますのでペーストにして豆乳や牛乳でスープにしたり、焼き菓子に加えたり。かぼちゃは、風邪に負けない体づくりを助けてくれます。

古来種野菜の旬　冬編

⑧
⑥
⑨
⑦
⑩

① **弘岡かぶ**

高知市春野町弘岡地区を中心に明治時代から栽培されてきました。このかぶはいろんな地域に広がったので、大きさや肉質などの特徴が、産地によって特徴がそれぞれに違ったりします。ただ、白くなだらかな肌ざわり、生で食べてもとてもおいしいというところはみな同じでしょうね。まずは、生のままでパクリ。スライスの仕方ひとつで、その食感に変化がありますね。

② **飛騨紅かぶ**

葉とかぶと白菜を一緒に浅漬けにしたり、パスタのゆで汁でさっと茹でてオリーブオイルと塩で和えるのもおすすめ。蒸してから塩をしておくと、冷えてからもずっとおいしい！　たらり、おいしいお醤油を。

③ **木引かぶ**

生産者は西さん親子だけ、です。長崎県平戸市木引地域で栽培されていたことから名付けられました。室町時代から栽培されていたといわれていますが、一般のかぶと比べ、形が特殊であることや、ボリュームに欠けること、また、近年の一般的なかぶの流通が盛んになったことから、ほとんど栽培はされなくなりました。酢漬けや塩漬けなどに。葉ももちろんいただけます。

④ **黄金千貫**

僕たちも大好きな黄金千貫。いも焼酎の原料としても使われているのですが、そのままよくふかしていただくだけでおやつ代わりに。ほんのりとした甘さがくせになります。ふかしたあとに両面こんがり焼くと、もう手が止まりません！　火を入れた後、皮をむいたり、むかなかったり。それだけで食味が変わります。

⑤ **山形赤根ほうれん草**

山形県の伝統野菜のひとつです。江戸時代から栽培されてきたと言われています。しなやかでアクが少なく、旬を迎える秋から冬にかけて、非常に甘くなるのが特徴です。寒くなるほど紅い根元の甘さが増し、雪の頃には果物並みに。もちろんそれは、土作りにこだわる農法だからこそ。日本で現在主流のほうれん草は、丸い葉っぱの西洋種ですが、こちらは、葉にギザギザの切れ込みがある日本在来のもの。赤根・剣葉の東洋種です。根っこはきれいに洗って多少の土は気にしない！で先に炒めます。そのあとに葉を炒めて、料理酒を入れてたら塩でいただきます。あとはお好みでお醤油たらり。感激しますよ！　この甘さに！

⑥ **南部太ねぎ**

青森県の在来野菜、南部太ねぎ。もう絶滅していると言われていたのですが、地元の高校生たちの熱意により口づてで奇跡的にこのねぎの存在をみつけることができました！　一般のねぎの1.5倍の糖度をもつ、青いところまで本当においしく甘い、たまねぎのようなねぎ。長くて青いところがくったりするから市場からは消えてしまったそうです。炒めるだけでも本当においしい、寒い日にはお鍋にも。

⑦ 水菜

一般的な水菜のイメージは、おいしさよりも鍋料理などのちょっとした食感とカサ増し、だったりすることもありますね。ただ、種採りされている水菜は、本当においしい。一品料理として十分な存在感！　生のままサラダでいただくとそのみずみずしさに驚きますし、鍋やおひたしにすると、「あぁ水菜ってこんな味だったんだ！」と思えるほど。葉もの独特の食感、苦みがたまりません。炒めてちりめんじゃこと合わせるのも◎。

⑧ 黒田五寸人参 （→P.130③）

⑨ おたふく春菊

西日本での栽培が多く、大葉春菊とも呼ばれます。とにかく女性に大人気！　まろやかな香りで、独特の苦みは控えめです。一般的な春菊と比べると葉の切れ込みの少ない、でもその色は濃くて存在感がありますね。栽培が盛んな北九州市では、「鍋ものには断然おたふく」といわれるほど、鍋の時期には欠かせない存在です。炒めてよし、茹でてもよし、雑魚やかつお節などと合わせてもよし！　名前がいいですね、お多福。多くの福を感じながら召し上がってみてください。

⑩ 山東菜 （→P.122⑤）

●雑味

古来種野菜を食べると、味覚が楽しいことになる。この味やこの感覚をなんと言えばいいのだろう！　甘いのだけど、自分が知ってる甘い、ではない、コクがあるともなんだか違うし、深みがあって、近く、遠くを行ったり来たりしながら漂っている感じもする。はたしてそれは、味なのか香りなのか‼　口だけじゃなくて、鼻も目も凝らして、頭の中も作動する。僕らはそのことを「雑味」と呼んでいます。昨今のF1種の野菜はおいしさよりも、利便性、効率、そして栄養価を重視されて改良されていくから、この雑味が、一番最初に排除されていくのかもしれない。雑味、とは言うけれど、それは、土の味とか太陽の味とか、人の手仕事の味、なんじゃないかと。

古来種野菜のおいしさは最強だよね、って食べるたびに思っている

僕らは八百屋だから、同じ野菜を毎日のように同じメニューで食べているのだけれども、まったく飽きない。簡単に、蒸して、焼いて、茹でて、そこに塩とちょっとお醤油をたらしていただくだけ。食器なんかの洗い物は本当に楽！　洗剤もほとんど使わなくてすむし、さっと浸け置きだけで十分だ。調味料も、塩、酒、醤油、みりん、自家製の味噌があればそれだけでいい。他の調味料は必要であれば作るし、買ってしまって残って捨てることもない。そして忙しい時には外食にたよって満腹になって、また、この食事に戻ってくる。

時々、あぁ、疲れた、食事を作るのは面倒だ、外食しよう、と思った時ほど、どんよりと重くなった腰を上げて、冷蔵庫をのぞいてみる。

今あるすべての力を使ってううううと、包丁をにぎって、シャク、シャクッと皮のままレンコンを切って、鉄のフライパンでぼんやりジリジリ焼いて、考える力はもはや残っていないから、そこにあったじゃがいもをさっと洗って蒸す準備をして、あぁ、そしたら大根もかぶも一緒に蒸かそうと思って、皮もむかずにくし形切りにして、火にかける。あぁ、だったらもう炊きたてのご飯しかない、とお米をザッと洗い、土鍋で炊く。この時点でだいぶリズミカルな動きになってきて、視界もクリアになってくる。仕方ない、じゃあ、汁ものを、と、昆布とたま

ねぎとワカメのザッとしたお味噌汁を作って、以上。ザ、八百屋飯。

土鍋のふたを開けて、しゃもじでお茶碗に取り分けて、蒸篭ごと食卓に出した湯気のたつ野菜に好みで塩や醤油をかけて、いただきます、と手をあわせて、いただく。

この時点でもう、数分前のあぁ疲れた、食事を作るのは面倒だ、は、いただきます、に更新されている。疲れているけど、ひと踏ん張りする勇気さえあれば、ここに戻ってこられる。食べきれなかったら、次の日の朝食に。実はこの古来種野菜は冷めてからも十分においしいし、むしろ、冷めながら味が馴染んでいく野菜だって多い。だからお弁当にも向いている。

おいしくて、簡単って、最強!

高知県 もちきび

やっと、やっと出会えました。
7年前、warmerwarmerを立ち上げてすぐの頃、高知県の朝市へ行きました。その時に食べてずっと忘れられなかった高知県のもちきび、です。

僕らの祖先にとって「種」とは自分や家族の命を守る尊い存在だった。

それぞれの地域の風習や食文化を受け継いで、野菜を栽培して、その種をまた蒔いて、前の1年よりもっとおいしい野菜がたくさん収穫できるようにと、また、種を採る。

いろんな理由で家族の元を離れることを余儀なくされる時代も長くあった。その時、祖先から受け継いできた大切な種を肌身離さず持ち歩いていたと言われている。旅の途中、お世話になった人と種を交換しあい、しばらく暮らすことになった仮住まいの庭には家族を想いながら種を蒔く。あるいは女性が嫁ぎ先の家の庭に種を蒔いて。家族のことやふるさとのことを想いながら、種を蒔く。このように、その土地に根付いた野菜もあります。そんなとても大切な種を、誰かに簡単に渡すわけにはいかない、という、尊い感覚で種とともにいたのです。

種にとっても蒔かれる土地は、そこに在る土も水も風もすべて見知らぬところ。

このもちきびを朝市でいただいた時、白っぽい色のもの、黄色に近い色のもの、そしてこのうすい紅色のもの、が並んでいたと記憶している。おばあちゃんからいただいて食べてみた時、おいしい、のその前にある、この感覚はなんだろう、と。決してやわらかく食べやすいかたさではありません。かめばかむほど、穀物を連想させる甘さ。甘さもひとつではなくてなんとなく記憶と重なるような、その噛む音が耳の奥に響いて、どことなく懐かしさを感じる。

当初は八百屋をはじめたばかりで農家さんとの、社会との、信頼関係なんてなくて。大切に伝統的に育てられてることは食べたらわかる。そんな野菜を「仕入れさせてください」などということは大変、おこがましい。おばあちゃんの中にだけ在るその種と家族の歴史。その重さを想うと、その時の僕らにはまだ扱える野菜ではなかった。さらに言うと野菜と同じく雑穀の世界はとても深い。わたしたちが片手間で学べるはずもなく。

誰かに手渡すとか、食べてもらうとか、見てもらうとか、まったく想像がつかなかった。ただただ焦がれていた。

とはいえ、気になります。非常に、ものすごく気になります。いつも頭の片隅にあって、本当に気になるので、毎年その時期になると、四国、高知近辺の農家さんや、知り合いの方に声をかけてリサーチをしてみるけど、地元の人たちはまったくその存在を知らない。名前が特にあるわけでもなければ、どこかのお店に並んでいることもない。古来種野菜は、地元の人たちでさえその存在を知らない、ということが、よくある。このもちきびもそのケース。しかも、このもちきびの旬は一瞬。たったの2週間ほど。

あたふたしていたら、もうその時期が終わっていたり、という年もあった。

そして、7年越しに！　やっとやっと、出合うことができた！

いやーワクワクした、久しぶりに。今度は八百屋として、胸をはって！　あのもちきびと、あの感触と再会できる。

数日たって、おばあちゃんから届いた荷物をあけると、湯がいて冷凍されたもちきびが5本、入っていた。写真で見てわかるように少し凍っている。

なぜ、湯がいて送ってくださったのか、というのは、もちきびの特徴を考えると深く考えさせられる。これから続いていくおばあちゃんとの関係の中で少しずつ互いに理解していくことなんだなと。もしかしたらすぐに食べられるようにと、単純な優しさなのかもしれない。でも、単純なことではないかもしれない。このひと粒ひと粒が「種」だから。

その、なぜ、をおばあちゃんに聞くことはできない。簡単に、聞いたらいけないような気がするのだ。

あんたらみたいな
よくわからんもんに
このもちきびのことは
すぐにはわからんよ
「たね」
ってなんじゃろね
よく考えや

よく考えや。

そこだけは、なんとなく、聞こえてきたような、気がした。そうかもしれないし、そうじゃないかもしれない。でも、僕らは、そう、聞く。

僕らを動かすショートストーリー②

坂本菊

滋賀県大津市坂本地区

「蝶も来て酢を吸ふ菊のなますかな」

坂本菊は1200年前の平安時代、天台宗開祖であるお坊さん（最澄上人）がお茶と一緒に、中国から薬草として持ち帰り、坂本地区に根づかせたといわれています。それを、江戸時代に松尾芭蕉が食べて詠んだ一句です。

「坂本菊」が栽培されている滋賀県大津市坂本地区は、京都駅からJR線の湖西線に乗って、4つ目の駅「比叡山坂本駅」あたり、比叡山延暦寺と日吉大社の門前町として栄えてきた町。琵琶湖の西側あたりにある。

小さくて、黄色い食用の菊の花。一般的な菊は直径7センチほどのものもありますが、この坂本菊は、直径3センチほど。とても小さくかわいらしく、そしてよーく、花びらを見てみるとラッパのような形！　その先が小さく2つにさけているのがわかりますか？　この形状の菊は非常に珍しく、日本でもなかなか見ることはありません。

　この菊の栽培は、大変難しいといわれていて。さらに、収穫時期は11月上旬から11月中旬までの、たったの2週間。収穫後は、小さな花びらをひとつずつ手でほぐしていく作業があり、とても手間がかかる。さらに、収穫したあとの土は4年間も休ませなければいけません。毎年、同じところに栽培ができないのです。じゅんぐり、じゅんぐりと、4つの畑を管理し、毎年、栽培する畑を変えていく。その4つの広い畑を管理していくこと、そして、そもそもそんなに広い土地を所有できない、そんな理由で、年々栽培する農家さんが減少し、現在、坂本菊を栽培されている方は、現在78歳の方、おひとり、です。

　約1200年の歴史をもつ坂本菊を、おひとりの方が守っている。

　後継者は、まだ、いない。

　坂本菊の旬は、紅葉がとても美しい季節。その季節、天台真盛宗「西教寺」では、期間限定で菊づくしの郷土料理「菊御膳」をいただけると伺って、僕らも足を運んでみました。

　菊御膳は、

前酒：菊酒（菊を一年間、氷砂糖といっしょに、焼酎に漬け込んだもの）
先付：胡麻豆腐の菊添え
酢のもの：菊なます
和えもの：菊の白和え
揚げもの：菊の天ぷら
椀もの：秋の香り
ご飯：菊寿司
お吸いもの：菊のすまし汁
香もの：菊の一夜漬け
デザート：菊のゼリー

菊づくしの全10品。昔ながらのお出汁は澄みきり、でも味は甘みもしっかりと菊の香りもふんわりと。ちょうど境内の紅葉がとても美しい季節、素晴らしい時空を堪能させていただきました。

「食べてほしい」という願いを込めて発足した「坂本料理菊振興会」。坂本菊の栽培とともに、料理の研究もされていました。最初の頃は、お料理を出すところがなく場所を変えて、一日だけの会を催していたようですが、坂本に来る方々にも、菊の料理を楽しんでいただきたいという想いで、毎年11月に「菊料理を食べる会」を西教寺ではじめられたそうです。このお料理を作るのは、地元のみなさん。僕らが行った時にも真っ白い割烹着姿で出迎えてくださり、この坂本菊のことをおしみなく教えてくださいました。坂本菊の生産者の方と、お料理を作る地元の方々によって、僕らはこの菊のことを知ることができた。

そして、今、この本の中で、読んでくれてるみなさんに伝えている。

1200年の歴史をもつ坂本菊を、おひとりの方が栽培して守っています。

1200年の坂本菊の歴史を、地域の数名の方が伝えながら守っています。

1200年の坂本菊の歴史を、僕らはいただきました。

作るひと、伝えるひと。

作るひと、伝えるひと。

大阪府茨木市

三島独活

三島独活は、大阪府茨木市で江戸時代の天保年間より栽培がはじまったと言われています。

「うど」は、山菜のひとつで、春先に若い芽を摘み、天ぷらにしたり酢味噌などにして食べる野菜。山に自生している、全体的に緑色の〝山独活〟と、白色をした、日に当てないように栽培をする〝軟白独活〟の2種類があります。

一般のスーパーマーケットで販売されている独活は、〝軟白独活〟三島独活は〝軟白独活〟の種類に入りますが、その栽培方法は驚くほど手がかかります。

三島独活が栽培されている大阪府茨木市千提寺《せんだいじ》は、新大阪駅から車で約40分ほどの村です。室町時代、茨木城が楠木正成によって築かれたと伝える、城下町として賑わいました。江戸時代には、京都と大阪、丹波と大阪間を結ぶ交通の要衝としても栄えてきました。

また、千提寺は隠れキリシタンの村。教科書で見る「聖フランシスコザビエル像」の絵は、千提寺の民家の屋根裏から見つかりました。

この地域の魅力は、信じたものを貫く風土にあると、農家さんはおっしゃいます。

ホルモン剤や電熱線を使った栽培方法が普及してからも、野菜の味や環境のことを考えて、儲からなくても、伝統農法を続けたのは、信じたものを貫く隠れキリシタンの精神があったんじゃないかと。

現在、三島独活を栽培している農家は、中井大介さんと中井優紀さんのご夫婦だけ。おふたりとも、30代の若い世代です。

中井さんが千提寺にUターン移住し、小さい頃から慣れ親しんだ三島独活の栽培農家さんが、最後の一軒になっていること、そして「他には継承されていない伝統技術」がここに残っていることを知ります。

三島独活は、大変な手間と高度な技術が必要なので、中井さんが継承したいと言った時、地域の方々からは「大変だからやめた方がいい」という意見が多かった。それでも、三島独活の昔ながらの伝統農法を受け継ぐ決意をされました。

三島独活の栽培の1年は、4月に、三島独活の株を畑に植えて、春から秋にかけて干し草とわらづくりをし、独活の花を咲かせ、枯れるのを待ちます。11月頃、田んぼの中に独活小屋を建てて、独活が枯れてきた12月頃、独活を掘り起こし、株を独活小屋の中に植え付けます。1月～2月中旬まで、独活小屋に株を植え付けた後、干し草とわらでむろを作り、水をかけて発酵熱で土を温めて、約1ヶ月間。毎日温度調整をして、成長させます。そして2月下旬から3月に、むろを空けて、できる限り光を入れないようにして収穫をします。

栽培には1年を要し、春夏秋冬ずっと手間がかかります。収穫のその時まで、外気に一切さらさず、光にも当てないことでアクがないみずみずしい独活に育ちます。その後の出荷作業も、もちろん光に当てないよう細心の注意が払われます。

「独りじゃ活きられへんと書いて独活。その名の通り、みなさんに支えられ、たくさんの人の力を借りて三島独活の栽培を続けてきました。独活は人とのつながりの大切さを教えてくれる」と、中井さんはおっしゃっています。

地域の農家さんからは独活のために、田んぼの畦に生えている在来種の草を刈らずに、あえて伸ばしてくれていたり、地元のみなさんが独活の小屋建てを手伝ってくれたりと、たくさんの人の支えによって成り立っているのだと。

「手間がかかる・技術がいる、しかし、あまり金にならん」という理由で、みんなが栽培を辞めてしまった三島独活。千提寺に住む農家さんがただ一人、三島独活の栽培を続けてこられました。その伝統農法と種を受け継いだ中井さんご夫婦を応援したいと思いました。

●農家さんたちの言葉

「農業はひとりで完結するものではない、食べてくれる人がいて完結するものだ」

「健康な土は、健康な野菜を作り、健康な野菜を食べてる人は、健康な体だから、健康な人は優しい。毎日、優しい人でいてほしい」

「ワクワクする仕事、ワクワクする日常、今もってる力を、想像力をもって挑む。野菜の種をえらぶこと育てる時の一喜一憂を野菜セットに詰め込みたい」

「農業してるということは地域を作っている、という意識になれる」

「地元だと寂しいなと思うことがある。東京に来ると、みんなの関心が高く勉強されている方々が足を止めて見てくれている。幸せです」

「オーガニックは普通のものだ。付加価値なんてつけるものじゃない。１００年前はこれが普通だった。付加価値をつけてる場合じゃない」

農家さんたちは、食べる人のことを想い、未来をみて仕事をしている。

こんな野菜を食べてみたいと思わない？

僕らを動かすショートストーリー④

長崎県
木引《こひき》かぶ

まず、かぶ、って言っていますけど。僕らが知っているかぶ、への概念が変わりますね。僕らが知っている、かぶ、というと、白くてツヤッとした丸い形。でも、この木引かぶは、牛のツノのように曲がった形。太陽に当たっている部分は赤紫色に、土の中に入っている先の根の部分は白色で、2色の色合い。畑では、土に牛のツノが刺さったような状態で育ちます。

かぶの身の部分は15センチほど、そしてその葉は50センチほど！　合わせた全長は約65センチ！

このかぶを販売していて思うのは、人は野菜への固定観念があるんだな、ということ。たとえば、僕らがよく知る一般的な白くてピカピカしたかぶが一袋に5、6玉入って400円だったとします。

その隣に、この木引かぶが並んでいて、1本が400円だったとしたら。どちらを買いますか？　以前の僕なら迷わず、一般的なかぶを手にとると思います。

でもよ——く考えてみると、この木引かぶの長くてわさわさした葉は食べてもおいしい。いや、どんなかぶもその葉っぱはとてもおいしい。一説によると、かぶはもともと〝葉〟を食べる〝野菜〟だったと言われています。ということは、葉ものとかぶ1個の値段だと視点を変えたらこの400円は高い？　安い？　迷いますよね。だっておいしさや楽しさでいうと、圧倒的に木引かぶですから。「かぶ」への感覚を少しはずしてみると、2種類のおかずができる！　そうすると高い安い、の固定観念がぐらっとします。

これは、大根でも同じこと。葉付き大根は自然食品店でしか、なかなか扱えないですから、高いと感じることもあると思いますが、もしもそこに葉っぱもまだついていたら、それはそれで、単純に高いとは言えないですね。

木引かぶの歴史は古く、室町時代から栽培されていた、といわれています。

ただ、僕らも驚いたように、一般のかぶと比べて、その形が特殊であること、配送に向かないこと、収穫時期が12月末〜1月末ととても短いこと、などから、現在、この木引かぶを栽培しているのは、長崎県平戸市の西康二さんと聡さんの親子だけとなりました。

今から数年前、西さん親子は「木引かぶ」をただひとりで守っていた、多々良《たたら》道忠《みちただ》さんと出会います。多々良さんは高齢になられたこともあり、この「木引かぶ」を受け継いでもらえる農家さんを探していらっしゃいました。

多々良さんは、杖をつきながら西さんの畑に来られて、おふたりに木引かぶの「色」「形」「栽培方法」「種の採種方法」などを伝え、木引かぶの種を託し、「後は頼む」と、お亡くなりになられました。

昔からこの地域では、木引かぶを「拍子切り」にして、お砂糖、お醤油、出汁で炊いた「あったかかぶ」という家庭料理でいただいていたそうです。他には、そぼろ煮、甘酢漬けなどのお漬けものにしたり。葉の部分は茹でておひたしにしたり。

僕らがこのかぶの試食を出す時には、木引きかぶそのものを味わってほしいので、シンプルに蒸しただけのものをお出しするのですが、これがまた絶妙においしい。甘みとほんの少しの苦みが、味濃く残り、食べたあとに余韻が残ります。これを雑味というにはもったいない！　葉の部分は鉄のフライパンで焼いて、塩と醤油でいただきます。白いご飯の上に、それをのせていただく、幸せなこと。

西さんたちは言います。

「木引かぶが、もっと売れれば、他の人にも、木引かぶの栽培を頼めるんですが、今のままでは、作ってほしいとは、なかなか言えない」

「種を採ることは大変なことですが、この平戸市の地域でしか栽培できない木引かぶですから、木引かぶの美しい色、形、そしておいしさを、なんとか後世にも伝えていけたら」

西さんたちは、今、この木引かぶをお漬物として販売しようと苦労されていらっしゃいます。おいしさはあるけれど、この牛のツノのような形のままパッケージをすると、なかなか売れ行きが悪い。カットして販売すればいいのでは？　という声もあるのですが、それだとこの木引かぶの伝統的な姿をみせることができません。西さんは、どうしてもこの形のまま売りたいと、現在も加工品の商品開発を進めています。

この木引かぶを次の世代に伝えることが夢だから、加工品の商品開発を進めている、って。

農家さんたちの、夢、って、なぜその視線が、外へ外へと、向かっているんだろう。

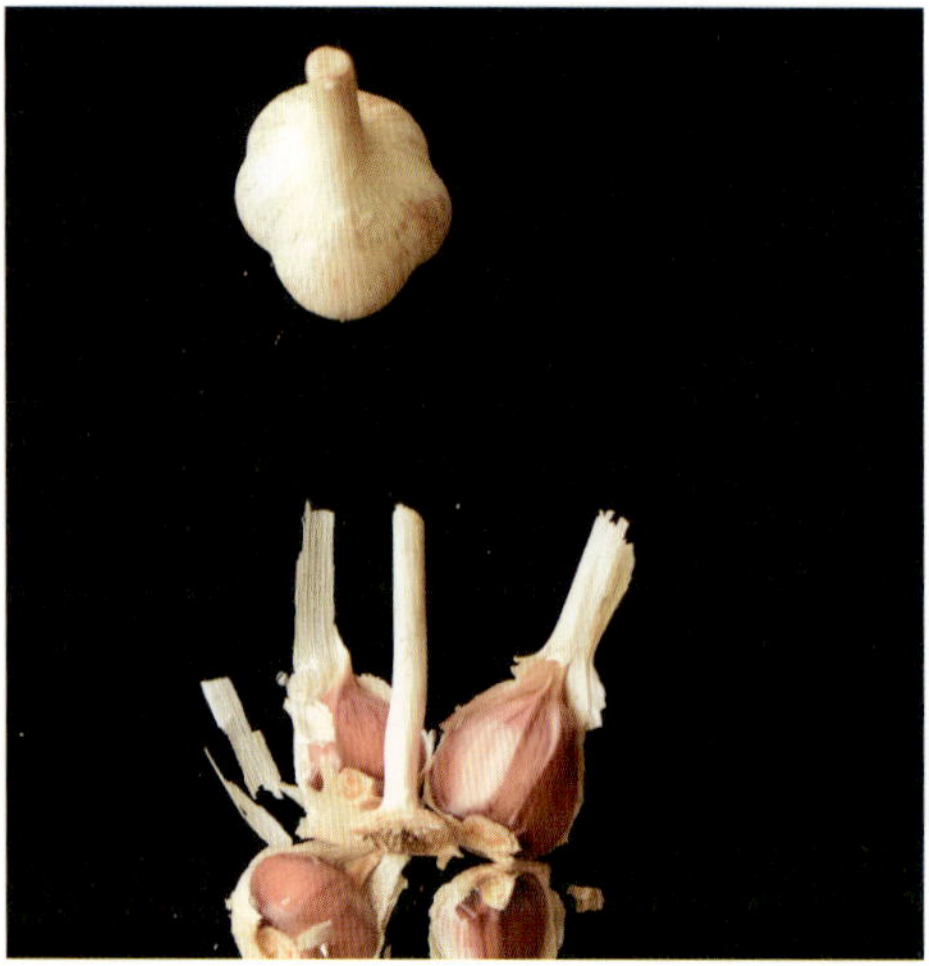

北海道

ピンクにんにく

国産のにんにくの生産量は青森県が有名ですが、かつては北海道常呂町でも栽培がさかんに行われていました。この土地に伝わってきたにんにくの名前は「ピンクにんにく」(なんてチャーミング!)。

皮の色がピンク色で、一粒がとても大きい! その香りと辛みも素晴らしく、特にその辛みは、熱を入れると甘みに変わり、幻の一品、とも言われている。一年に一度、楽しみにしてくださっている方が全国にたくさんいらっしゃいます。

このにんにくの生産者は、前著『古来種野菜を食べてください』に書かせていただいた、岩倉次郎さん。2011年3月11日に起こった東日本大震災の影響を受けた原発事故。すぐ近くの浪江町に住んでいた岩倉さんは、避難生活を余儀なくされ、転々と場所を変えて生活をしていました。その汚染という影響によって失った、家族との時間、畑、仲間、そしてこれまでの岩倉さんの「すべて」。そのすべて、の中のひとつ、「種」のことをほうぼうでいろんな人に話をすると、「たかが種」と言われました。

もう一度、どこかで農家をやりたい。岩倉さんのその想いを胸に、僕らは一緒に長野、静岡、千葉など、移住先を探す日々が続いた。その状況は、当時、岩倉さんと一緒に生産者グループを組んでいた方々も同じ。月日をかけて移動するけど、なかなか希望の場所がみつかりません。それもそのはずです。岩倉さんは土にこだわる独自の農法をもっていた。それは言葉にできるものではなくて、長年、福島という土地の自分の畑で培ってきた経験だけがものさし。そして2年という月日がたち「開墾する力はもうないよ」岩倉さんは「農家をやめる」。と。

岩倉さんは当時70歳。その胸中を察すると、がんばりましょうとは言えなかった。

多くの有機農家さんたちは、基本的にJAのような組織には入っていません。ですから、生産者グループを結束して自ら運営してきます。同じ意識の中で効率よく出荷するため。販売先へ安定的に供給できるように、情報交換などを行いながら。また、地方の有機農家の方は独自の思想をもって、自分たちのことだけではなく、環境のこと未来のことを想像しながら、畑にいる。その地域の中でちょっと「変わった農業をする人」のような存在であることは確か。だから、ということではないけれど、そのグループの結束力は素晴らしくて、仲の良い様子をみせていただくことが多々あります。岩倉さんたちのグループも同じく、僕らと出会った時からそのメンバーで苦楽をともにしていた。今はみんな離ればなれになってしまったけれど。

あれから6年たった先日、北海道の在来「ピンクにんにく」が届きました。岩倉さんからです！「また畑をはじめたよ、よろしくな」と。手書きの栽培計画書やこれから育てたい野菜のことなど、岩倉さんの字で、丁寧に書かれた手紙と一緒に。どこで暮らしていこうが、岩倉さんは岩倉さんなんだ！ただ、ただ、すごい、としか言いようがなく。嬉しさと驚きとで言葉も出ない。

その夏、岩倉さんと生産者グループの農家さんたちが、車にぎゅうぎゅうに乗り合って、遊びに来てくれた。みんな笑顔でわちゃわちゃして、嵐のようにひと騒ぎして帰っていった。時々みんなで集合して近況報告なんかをしている様子。

みんなが帰った後の、テーブルの上。きちんと飲み終わっている湯のみ、ちょっと遠慮をしたようなお茶菓子の残りや、置いていかれた農産物の資料。そしてなにより思い出すのは、その笑顔。あぁ、僕らはこの人たちから素晴らしいことを学んでいるんだ。

ピンクにんにく、毎年、本当に楽しみです。

●農家さんたちの言葉

「俺がやっている農業を体験することで子供に命の教育をすることです」

「10年後の新規就農者の方に何か残せないか日々思っている。地域の人から応援してもらえるようにしないと」

「次の世代にも伝えていってほしいし、東京で日本かぼちゃサミットを開けたら、おもしろいが！」

「畑で一緒に作業をし、食事をすると家族のような存在になります。世界の平和はこんな小さな取り組みから生まれると思います」

「農家は、次の世代が野菜を作っていくことができる環境を作らなくてはいけない。自分たちでいろんな情報を取り入れて前に進む。農家同士で身を寄せ合って生きていくのではなく、異業種の方との交流も増やしていきたいと思っています」

農家さんたちは、食べる人のことを想い、未来をみて仕事をしている。

こんな野菜を食べてみたいと思わない？

40 YEARS of CHEZ PANISSE

おわりに

はじまりは。2017年のお正月、飛行機の中で読んだ一冊の本。

あまりにも意味を捉えられず、とてつもなくよくわからない言葉が並んでいた。窓から見える機体の一部をぼーっと見ていたのをよく覚えている。一瞬、思考が止まり、考え込むその言葉。言葉というよりその意味と一体化している文章。その前後の文脈をみていたら、まだ言葉にはできないけど、意味みたいなものが湧いてくるような気がして、喉の奥あたりがむずがゆい。

よくわからない状況ではあったけど、僕が理解していることとして捉えてみようと「仮説」をたてるようなことをしてみた。たとえば「A」を「野菜」としたならば、次に連鎖する「B」は「畑」とか「人の手」とか。その不慣れな思考をもちつつ、さぁもう一度と、また読み進める中で、戸惑い続ける言葉のひとつに「他者」という言葉があった。出てくる頻度が多すぎて「誰」のことを指しているのかがわからない。そこで「他者」という言葉の意味を、時間をかけてわざわざ考えた時、固定された意味をもっていたことに気づいた。他者の「者」という文字を「ひと」としか捉えていなかった。
あ、そうか、「者」＝「自分ではないすべて」ということなんだ。
しばらくぼーっとした。自分ではないすべて、という言葉の奥のこと。

今、目の前にあるマグカップも、壁に貼ってある一枚のポスターも、聞いているＣＤも、もっと言うと、たとえば古い記憶なんかも、自分ではない。なにもかもあらゆるすべてが他者である、ということ。「僕」以外は「みんな他者」で、僕のまわりにいくつもの他者が存在していて、「他者」の中で成り立つ「僕」がいて、その他者にも同じく他者があって。その他者のひとつが、僕。

なんだこれは。
この、ぐにゃりとした感覚こそが、僕を動かしはじめた。

たとえば、「人を真ん中に」そこにとりまく他者を考えてみる。その他者のひとつに「古来種野菜」が存在した時、と捉えると、その古来種野菜の他者として見えているのは、そう「自然界」。ということは、今、僕らに見えづらい自然界と僕らの関係を繋げてくれているのは古来種野菜の存在だ。そこからみえてくることは。

僕らはもっている、こんなにもっている、いろいろもっている。必要なものも、必要じゃないものも、今を生きていく術も、娯楽も、慌ただしさも。心もからだも。そこに通ずる、視覚、聴覚、臭覚、味覚、すべての感覚を。喜びも悲しみも怒りも憐れみも。もっているぜんぶで人生を味わい尽くして、今、生きているし、生かされているのだ。食べていなくても感じていなくても知らなくても、日本に存在している古来種野菜や自然界によって。

今度は、「古来種野菜を真ん中に」した時、そこにとりまく他者を考えてみる。その他者のひとつに「日本のオーガニック市場」が存在している、と捉える。その市場は、まわりの他者を守ろうとしてきた。人のこと、環境のこと、自然界のこと、そこへ辿り着く思想までも。だけど、そのことが「一般的な思考」として僕らに伝わってこないのはなぜなんだろう。「知ってる人だけが知っていればいい」というようなこの状況はなんなんだろう。古来種野菜のまわりに存在するこの歪んだ世界を、どう表現したらいいのだろう。これが僕らの奥底にずっと居座るカタマリだ。

今、日本の食に関わる法律やルールが世界の状況をチラチラと横目でみながら、動き出している。そのことを体ぜんぶで感じるために、この「オーガニック」という思想をもう少し、僕らに優しく響く言葉にしたいと思った。いろんな角度から、みんなの考えていることを顔をつきあわせて話をする必要があると感じて、2018年に「オーガニックセッション」という時間を立ち上げました。今、存在しているオーガニックという場所からある意味はじきだされてしまったような僕らは、それでも、この言葉そのものが好きなんだ。いいじゃない、オーガニック、という言葉。

他者（オーガニックセッションでは〝多様性〟と表現を変えています）を、感じるための簡単なワークから、思考が動く時の感受を、そこにいるみんなでシェアして、お腹がグーッとなる頃に、古来種野菜を一緒に食べる。なぜオーガニックが自分の外にあったのか、オーガニックという言葉の過去、そことわたしとの差異、わたしの内にあるオーガニックとはなんだろう？

本書はそのオーガニックセッションの一部、です。

僕はこう考える。
あなたは、どう？

全国の農と農業を営む農家さん
農家さんを支えてくださっているみなさん
いつも野菜を買ってくださるみなさん
遠くにいてもつながっているみなさん
この本を形にしてくださったアノニマ・スタジオ 村上さん、スタッフのみなさん
この本をデザインしてくださったtento 漆原さん、スタッフのみなさん
いつも底抜けに明るいK.K コンビ
高橋家のことを知ってくださっているみなさん
吉祥寺のEvent Space & café キチム
誰一人がかけても、この本はなりたちませんでした。
僕らのまわりにある
大切な人たちの日々の歓喜が
この本の存在です、としか言いようがありません。

warmerwarmer（ウォーマーウォーマー／高橋一也・高橋晃美）

「種から育った野菜」を「古来種野菜」と名付け、その野菜だけを紹介する八百屋。全国各地にいる、種採り農家さんの古来種野菜を販売しながら、いろんな角度をもって、トークショーや親子で楽しめるマーケットなどを企画。種のこと、野菜のこと、農のこと、その素晴らしい世界が、次の世代へ届くよう、語り継ぐ八百屋を目指している。著書に『古来種野菜を食べてください』（高橋一也／晶文社）。　URL : http://warmerwarmer.net

装丁　漆原悠一（tento）
写真　janny suzuki
p11〜17, p35〜47, p53, p55, p61（下）
p62（右上、右下、左上）, p63, p64（右下、左上）
p71〜121, p137, p144, p150
Terumi Takahashi（warmerwarmer）右記以外
編集　村上妃佐子（アノニマ・スタジオ）

アノニマ・スタジオは、
風や光のささやきに耳をすまし、
暮らしの中の小さな発見を大切にひろい集め、
日々ささやかなよろこびを見つける人と一緒に
本を作ってゆくスタジオです。
遠くに住む友人から届いた手紙のように、
何度も手にとって読み返したくなる本、
その本があるだけで、
自分の部屋があたたかく輝いて思えるような本を。

八百屋とかんがえるオーガニック
２０１９年６月17日　初版第１刷発行

著者　warmerwarmer
発行人　前田哲次
編集人　谷口博文
アノニマ・スタジオ
〒一一一-〇〇五一
東京都台東区蔵前二-一四-一四　二階
電　話：〇三-六六九九-一〇六四
ＦＡＸ：〇三-六六九九-一〇七〇

発行　ＫＴＣ中央出版
〒一一一-〇〇五一
東京都台東区蔵前二-一四-一四　二階

内容に関するお問い合わせ、ご注文などはすべて
右記アノニマ・スタジオまでお願いします。
乱丁本、落丁本はお取替えいたします。

定価はカバーに表示してあります。

ISBN978-4-87758-795-6 C0095